铁路企业教育

《铁路企业教育》编写组 编

2021·4

中国铁道出版社有限公司

2021年 北京

铁路企业教育

TIELU QIYE JIAOYU

图书在版编目(CIP)数据

铁路企业教育 . 4/《铁路企业教育》编写组编. —北京：中国铁道出版社有限公司，2021. 12

ISBN 978-7-113-28645-3

Ⅰ. ①铁… Ⅱ. ①铁… Ⅲ. ①铁路企业-职工教育-中国-丛刊 Ⅳ. ①F532. 64-55

中国版本图书馆 CIP 数据核字（2021）第 264658 号

书　　名：铁路企业教育
作　　者：《铁路企业教育》编写组
责任编辑：田　甜
编辑助理：邹一丹
责任校对：孙　玫
出版发行：中国铁道出版社有限公司
地　　址：北京市西城区右安门西街 8 号
邮　　编：100054
责任印制：高春晓
印　　刷：国铁印务有限公司
版　　次：2021 年 12 月第 1 版
2021 年 12 月第 1 次印刷
开　　本：889 mm×1 194 mm 1/16
印　　张：4
字　　数：130 千
书　　号：ISBN 978-7-113-28645-3
定　　价：15.00 元

目　录

封面题字：袁宝华

□《铁路企业教育》编辑部

地址：北京市西城区右安门西街8号（中国铁道出版社有限公司703室）

□邮编：100054

□电话：（021）73116（路电）

（010）51873116（市电）

□电子信箱：（E-mail）

tlqyjy@126.com

□订购：（021）73170（路电）

（010）51873170（市电）

2021·4

（总第133）

卷首语

速读《中共中央关于党的百年奋斗重大成就和历史经验的决议》

四个时期

新民主主义革命时期

社会主义革命和建设时期

改革开放和社会主义现代化建设新时期

中国特色社会主义新时代

四个伟大飞跃

经过二十八年浴血奋斗，党领导人民，在各民主党派和无党派民主人士积极合作下，于一九四九年十月一日宣告成立中华人民共和国，实现民族独立、人民解放，彻底结束了旧中国半殖民地半封建社会的历史，彻底结束了极少数剥削者统治广大劳动人民的历史，彻底结束了旧中国一盘散沙的局面，彻底废除了列强强加给中国的不平等条约和帝国主义在中国的一切特权，实现了中国从几千年封建专制政治向人民民主的伟大飞跃，也极大改变了世界政治格局，鼓舞了全世界被压迫民族和被压迫人民争取解放的斗争。

从新中国成立到改革开放前夕，党领导人民完成社会主义革命，消灭一切剥削制度，实现了中华民族有史以来最为广泛而深刻的社会变革，实现了一穷二白、人口众多的东方大国大步迈进社会主义社会的伟大飞跃。

改革开放和社会主义现代化建设的伟大成就举世瞩目，我国实现了从生产力相对落后的状况到经济总量跃居世界第二的历史性突破，实现了人民生活从温饱不足到总体小康、奔向全面小康的历史性跨越，推进了中华民族从站起来到富起来的伟大飞跃。

党的十八大以来，以习近平同志为核心的党中央领导全党全军全国各族人民砥砺前行，全面建成小康社会目标如期实现，党和国家事业取得历史性成就、发生历史性变革，彰显了中国特色社会主义的强大生机活力，党心军心民心空前凝聚振奋，为实现中华民族伟大复兴提供了更为完善的制度保证、更为坚实的物质基础、更为主动的精神力量。中国共产党和中国人民以英勇顽强的奋斗向世界庄严宣告，中华民族迎来了从站起来、富起来到强起来的伟大飞跃。

四个庄严宣告

中国共产党和中国人民以英勇顽强的奋斗向世界庄严宣告，中国人民从此站起来了，中华民族任人宰割、饱受欺凌的时代一去不复返了，中国发展从此开启了新纪元。

中国共产党和中国人民以英勇顽强的奋斗向世界庄严宣告，中国人民不但善于破坏一个旧世界、也善于建设一个新世界，只有社会主义才能救中国，只有社会主义才能发展中国。

中国共产党和中国人民以英勇顽强的奋斗向世界庄严宣告，改革开放是决定当代中国前途命运的关键一招，中国特色社会主义道路是指引中国发展繁荣的正确道路，中国大踏步赶上了时代。

中国共产党和中国人民以英勇顽强的奋斗向世界庄严宣告，中华民族迎来了从站起来、富起来到强起来的伟大飞跃。

——摘自新华社《速读〈中共中央关于党的百年奋斗重大成就和历史经验的决议〉》

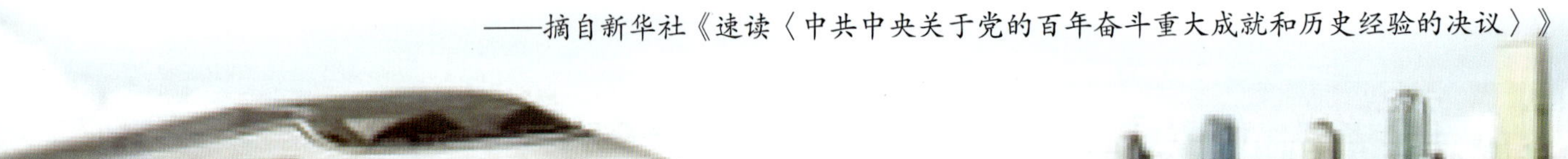

高职生“2+1”定向培养模式的实践与探索

○ 中国铁路南宁局集团有限公司副总经理 刘希明

为落实《国铁集团关于规范院校毕业生使用管理工作的通知》(铁人〔2019〕50号)、《国铁集团办公厅关于印发职业技术提升行动计划（2019—2021年）的通知》（铁办劳卫〔2019〕34号）要求，中国铁路南宁局集团有限公司创新技能人才培养模式，从2019年开始在柳州铁道职业技术学院（以下简称柳铁职院）开展了机车专业高职生岗前培训前置探索和实践；2020年，克服新冠疫情带来的影响，面向所有新接收的高职生推行“2+1”定向培养校企联合培养模式。经过两年的探索实践，已经取得了阶段性成果，“2+1”定向培养模式正逐步成为技能人才培养的新亮点。

“2+1”定向培养验收表彰大会现场

一、“2+1”定向培养的基本情况

2019年，集团公司组织新接收的118名柳铁职院机车专业的高职生开展了岗前培训前置探究和实践，将内燃和电力机车副司机岗前理论培训内容合并植入到大三学年教学计划中，从4月9日开始至6月12日结束，历时40多天。培训结束后，组织进行了内燃和电力机车副司机两个岗位的资格性理论考试，后续的资格性安全和实作培训安排到入职后由用人单位组织实施。此次岗前培训前置探索实践，得到了国铁集团的充分肯定，在《关于职工培训工作检查的情况通报》(劳卫培函〔2020〕3号）中向各铁路局集团公司进行了推广。

2020年11月底完成2021届高职生招聘工作后，12月15日，集团公司正式启动了“2+1”定向培养校企联合培训工作，统一组织所有新接收的高职生集中到柳铁职院开展培训，一直到2021年6月底全面结束。扣除寒假，培训时间长达5个月，培训内容主要以岗前资格性培训和职业技能等级认定考前培训为主。培训后，组织进行岗前资格性考试和职业技能等级认定，要求学生毕业前取得“三证”，即毕业证书和技能等级证书，并通过岗前资格性理论、安全和实作考试。参加此次“2+1”定向培养的高职生共有824名，其中集团公司706人、沿海公司118人，均是2021年7月毕业的高职生，覆盖了国铁集团批复招聘的所有专业岗位，涉及8个专业系统、16个工种岗位，分成18个班进行理论培训，实作培训时按岗位和人数重新分成21个班进行教学，具体学习岗位有连结员、助理值班员、电力机车副司机、内燃机车副司机、电力机车钳工、铁路线路工、铁路桥隧工、大型养路机械司机、铁路信号工、铁路通信工、动车组机械师、货车检车员、接触网工、铁路电力线路工、铁路客运员、铁路货运员等。参培学生来自黑龙江、吉林、辽宁、天津、河北、陕西、湖北、湖南、广东、山东、贵州、江苏、云南、广西等全国18所不同的铁道高职院校，并将昆明局、兰州局、青藏公司在柳铁职院招收的部分学生一并纳入南宁局“2+1”定向培养进行跟班学习。

二、“2+1”定向培养的主要做法

1. 完善运行机制

一是成立工作小组。集团公司成立由主管职工培训工作的副总经理任组长，人事部、职培部、劳卫部、财务部及相关专业部门负责人为成员的高职生“2+1”定向培养工作小组，每个部门固定一名项目负责人，具体落实“2+1”定向培养工作任务。日常工作由人事部牵头抓总责，协调职培、劳卫、财务及各专业部门，形成各司其职、密切配合、齐抓共管的工作格局。工作小组原则上每季度召开一次联系会，部署“2+1”定向培养推进工作，遇到需要研究解决的问题时，临时召开会议研究决定。

二是签订合作协议。集团公司人事部、职培部、劳卫部、财务部多次与柳铁职院进行专题研讨，商定校企联合培养方案，与学校、学生分别签订了《高职生“2+1”定向培养协议》《“2+1”定向培养三方协议》，约定了校企双方的安全职责、工作任务、学生管理、费用分担及考核验收标准等，同时，还与局外17所铁道高职院校分别签订“2+1”定向培养协议，为深入推进“2+1”定向培养工作奠定了基础。

三是纳入集团公司重点工作。集团公司高度重视，将推行“2+1”定向培养工作纳入集团公司党委1号文件重点任务，要求集团公司人事部牵头，劳卫部、职培部及各专业部门配合做好工作，每月上报推进落实情况。集团公司职培部从2019年开始，连续三年将推进高职生“2+1”定向培养工作纳入年度职工培训重点任务，安排专人负责做好日常工作，每周对“2+1”定向培养工作进行总结，优化完善教学组织，及时研究解决问题，加强培训过程管理，不定期到校进行检查和指导，配合学校抓好培训质量。

2. 加强顶层设计

一是构建人才培养模式。逐步形成以“四对接”为特点的“2+1”定向培养模式，即学校专业设置与企业需求相对接，课程内容与岗位要求相对接，教学过程与工作过程相对接，考核验收与培训取证相对接。划分了技能等级取证培训、岗前资格性培训、岗前适应性培训三个阶段，其中技能等级取证培训和岗前资格性培训在学校期间完成，岗前适应性培训在入职到单位报到后完成。前两年课程内容由学校按照教学大纲确定，第三学年的课程内容由校企联合制订，将铁路企业文化、岗位标准、职业技能标准、相关工种岗位的岗前资格性培训和职业技能等级认定考前培训等内容植入教学计划中，充分利用学校实训资源，在校内完成岗前资格性理论、安全、综合和实作培训，不能在学校内完成的实作培训内容，安排到有关站段组织实施。培训结束后，组织进行岗前资格性考试和职业技能等级认定。

二是分段组织实施。根据学校教学特点，将高职生“2+1”定向培养三个阶段分学期、分步骤组织实施。技能等级取证培训安排在第三学年第一学期，人事部招聘完成后就开班启动，培训内容主要以职业技能等级认定考前培训、路情局情教育为主，寒假前组织第一次职业技能等级认定，并根据集团公司春运工作需要，组织“2+1”定向培养的高职生进行列车员

岗前资格性培训，在春运期间担任临时列车员任务。岗前资格性培训安排在第三学年第二学期（开学后至6月底），培训内容主要以岗前资格性理论、安全、综合和实作培训为主，实行考教分离，由集团公司负责命题组卷，统一组织考试，并利用业余时间开展技能等级补强培训，安排2次职业技能等级认定，力争使参加“2+1”定向培养的高职生在毕业前取得拟任岗位的中级工技能等级证书。岗前适应性培训安排在经集团公司验收合格、到单位报到后，由各用人单位组织进行，经过入路教育、三级安全教育培训和跟班学习且考试合格后定职上岗。

3. 精心设计方案

一是校企双方共谋培训方案。结合近年来新职人员岗位分配情况，集团公司提前谋划，在招聘公告未公布前，集团公司职培部出台了《高职生“2+1”定向培养教学计划编制指导意见》，牵头组织各专业部门与学校教务处、二级学院研究讨论“2+1”定向培养总体方案及各工种岗位的技能等级取证培训、岗前资格性培训和岗前适应性培训三个阶段的教学内容。在教学任务分配上，学校主要承担文化基础课和专业理论教学任务，集团公司主要承担劳动安全、专业安全、基本技能、专业技能教学任务。开班前，先后组织召开2次校企双方教学计划协调会，确定了各工种岗位的培训内容、培训学时、培训地点、各自承担的教学任务，编制了高职生“2+1”定向培养工作方案和16个工种岗位的教学计划和课程安排。

二是细化实作培训方案。按照“充分利用学校实训资源，尽可能在校内开展实作培训”的指导原则，集团公司组织各专业部门及站段技术人员开展调研，对学校实训设施进行实地查看，全面了解学校教学设施的配置状况，认真对照《铁路特有工种技能培训规范》规定的实作培训科目和培训内容，与学校老师逐一核对各岗位所需的设备设施、仪器仪表及工装设备配置情况，针对学校缺配的工装设备、仪器工具列出清单，指导学校自主采购或向集团公司相关站段借调，满足实作培训需求，并确定不能在校内完成需要到运输站段开展的实作内容。同时，对需要到站段开展实作培训的岗位，分批组织到运输站段实施，如大型养路机械司机、连结员、动车组机械师、内燃机车副司机、电力机车副司机、电力机车钳工6个岗位，集团公司与学校反复进行研究，进一步细化实作培训安排，认真落实学生食宿、交通用车、指导老师、现场安全防护等方面问题，采取校企“三级对接”管理机制，即集团公司与学校、站段与二级学院、现场老师与带班人员三级对接，协调处理现场学习中涉及的教学和管理事项，同时要求学校加强安全教育，为每个学生购置意外伤害或责任险，防患于未然。

4. 丰富课程内容

在高职生“2+1”定向培养的课程安排上，保持了原有新职人员培训特色，除了职业技能等级认定考前培训和岗前资格性培训内容外，还安排了拓展训练、思想政治教育、民法典学习、道德讲坛等课程，丰富了教学内容，开阔了学生视野。如集团公司职培部与团委组织开展了职业生涯导航体验式培训，通过融入新职场、制订新目标、胜任新岗位、展现新风采四个体验课程，帮助学生适应角色转换，更好更快地融入职场环境。集团公司职培部与宣传部举办了两场“道德讲坛”专题教育宣讲报告会，邀请了全国道德模范、全国劳动模范汪伯华等介绍了个人先进事迹和工作感悟，引导学生树立“修身立德、敬业奉献”的良好道德风尚，开展了意识形态安全教育，上了一堂网络舆情安全课。柳铁职院马克思主义学院举办了“党的十九届五中全会精神解读”“学好民法典，做知法守法用法之公民”两次讲座，教育引导学生立足本职岗位，遵纪守法，早日把自己炼就成铁路企业急需的高技能人才。

5. 全面参与教学

一是组建教学团队。按专业系统组建了运输和客运教学管理小组、货运教学管理小组、机务教学管理小组、车辆教学管理小组、工务教学管理小组、供电教学管理小组、电务教学管理小组7个教学管理小组，指定了9个运输站段作为教学管理小组的牵头单位，负责编审各工种岗位教学计划和课程内容，组建本专业师资队伍，选拔推荐上课老师，编制岗位练习题库，组织命题组卷，配合学校做好教学质量评估。

二是选派经验丰富的人员参与教学。“2+1”定向培训工作启动以来，集团公司从各专业部门、运输站段抽调了163名专兼职老师承担“2+1”定向培养教学任务，其中工程师及以上44人（包含高级工程师2人），技师及以上61人（包含高级技师32人，首席技师、宁铁工匠2人），充分发挥了专业技术人员丰富的现场经验。教学中积极应用多媒体课件、VR课件和模拟仿真系统进行讲解，得到了学生们的认可。

三是加强教学管理。建立了“2+1”教学管理微信工作群，邀请各专业部门分管职教人员、9个教学管理小组牵头单位的职教科长、上课老师、学校教务处和培训处的相关人员等进工作群，保持紧密联系，充分发挥微信群方便快捷的特点，及时传达工作通知或教学安排，极大方便了“2+1”定向培养工作的部署安排，促进了校企教学管理人员的交流学习。

6. 严格学生管理

一是严格培训纪律。在“2+1”定向培养班级中，不仅有南宁局新接收的学生，还有昆明局、兰州局、青藏公司新接收的学生。为保持良好的教学、生活秩序，开班后，集团公司组织学生学习了校纪校规和集团公司培训纪律，规范学生的日常行为，明确规定凡是有严重违反纪律行为的，取消“2+1”定向培养资格，退回学籍所在学校处理。同时与局外17所学校保持联系沟通，建立了协同处理违纪学生的工作机制。

二是严格考勤、请假制度。每天上午、下午上课，各班主任到班级落实学生的出勤情况，规范学生的请假行为。规定凡是请假三天以上的，学校审批同意后，还要报集团公司职培部批准。

三是加强教育引导。每个班级配备了经验丰富的班主任，及时了解学生的思想表现和学习情况，有针对性地开展思想教育和心理疏导，对学籍不是本校的128名学生给予了更多关注，从衣、食、住、行等方面进行关心关爱，鼓励他们适应新学校，尽快融入南宁局大家庭，团结友爱，取长补短，共同进步。

四是实行“日报告”制度。建立了运输学员管理群、工电供学员管理群、机辆学员管理群3个工作群，邀请各班主任、辅导员、学生处、培训处等管理人员、集团公司督导人员进群，由班主任或督导人员每天定时在群里报告班级学生出勤和学习情况，让集团公司和学校管理人员及时掌握学生的第一手资料，为发现问题和解决问题提供了参考。

三、“2+1”定向培养取得的成效

1. 缩短了新职工上岗周期

创新技能人才培养模式，对新接收高职生实行“2+1”定向培养工作，这是集团公司首次推行的重大举措。在探索实践中，充分利用校企双方设备、场地、师资等优势资源，按照岗位标准和职业技能要求，组织开展职业技能等级认定和岗前资格性理论、安全和实作培训，让学生在校期间学习了拟任岗位的业务知识和专业技能，毕业前取得拟任岗位的中级工职业技能等级认定证书，通过岗前资格性培训考试，即安全考试90分及以上，理论和实作考试60分及以上。入职报到后，用人单位只需开展岗前适应性培训，组织进行入路教育、跟班学习1至3个月后就可定职上岗，比原来缩短了3至5个月，提高了劳动效率。

2. 提高了技能人才培训质量

集团公司与学生签订的三方协议中明确约定了考核验收标准，给学生戴上了“紧箍咒”。在组织职业技能等级认定考前培训中，发现定向培养生的学习主动性明显增强，学校也高度重视，安排有经验的老师认真研究各工种岗位技能等级考核内容的重点、难点，有针对性地进行讲解，聘请操作技能高的站段技术人员给学生讲解操作技巧，建立学习微信群，及时为学生解疑释惑，努力提高培训质量。此次高职生

"2+1"定向培养生除内燃机车副司机、电力机车副司机、动车组机械师等3个岗位274人暂时不需要取得技能等级证书外，应取证550人，经过"2+1"定向培养后，最终取证544人，只有6人未通过，取证率达到99%，创造了学生毕业前职业技能等级取证的最好成绩。

3. 拓展了校企合作项目

长期以来，集团公司与柳铁职院建立了良好的合作关系，每年新接收的院校大学生大部分来自柳铁职院，这些毕业生已经成为集团公司安全生产、运输经营的中坚力量。特别是高职生"2+1"定向培养校企联合培训工作的开展，推动形成了校企合作、产教融合、工学结合、知行合一的共同育人机制，启动了校企共同开展专业建设、人才培养标准制定、培训教材开发、共建大师工作室等项目合作。比如2021年1月，集团公司与学校举行了"共建高铁产业学院、职工培训基地"揭牌仪式，开启了校企合作产教融合的新征程；集团公司柳州供电段、柳州机务段等单位相继与学校签订了校企合作协议，挂牌作为学校的校外、校内实训基地，为"2+1"定向培养生实践创造了条件。

4. 减少了新职工培养成本

高职生"2+1"定向培养不仅缩短了新职工的适岗周期，而且降低了企业对新职人员的培训成本，有效提高了企业的劳动生产率。南宁局集团公司今年录用的818名高职生，对比往年入职后开展岗前资格性培训，考试合格后再定职上岗，采用"2+1"定向培养模式可以节约近一半的培训费用，同时，对考试不合格的高职生进行提前筛选，减少了后期可能产生的劳动纠纷。

四、"2+1"定向培养的两点思考

1. 在师资队伍共建上还需加强合作

在"2+1"定向培养工作中，发现学校老师缺乏现场经验，尤其是在一些专业技能操作性较强的课程上，显得经验不够，无法承担这些教学任务。集团公司选派的专兼职教师在教学规律把握和教学理论认识上还有一定的差距，教学水平参差不齐，信息化技术手段应用还不够娴熟。所以，集团公司和学校在师资队伍共建上还需加强合作，定期开展师资双向交流，学校可派老师到运输站段挂职锻炼，及时掌握现行技术规章、新技术新工艺、职业技能标准、人才培养需求，集团公司也可安排人员到学校参与教学研究，丰富教学理念，改进教学方法，提升教学水平。

2. 在课程体系构建上还需加强合作

提高技能人才源头质量，核心是学校的课程体系要紧密对接铁路企业需求、岗位要求和生产过程，所以，在课程体系建设上不仅需要合理划分"2"和"1"，还要兼顾考虑"2"和"1"的紧密衔接，学校要从2021年新生开始，按照铁道职业教育教学指导委员会编制的《高职学校专业设置指导标准》要求，优化前"2"年铁路专业的课程设置，调整公共基础课程、专业基础课程、专业核心课程和实践课程的教学内容、课程标准和教学课时，确保达到指导标准的规定。在后"1"年的课程安排上，尤其是共商"2+1"人才培养方案时，学校要充分发挥主导作用，进一步增强主动性，全方位参与"2+1"定向培养教学计划的制定，精心设计大学三年的教学课程，确保技能人才培养质量保持稳步向上的态势。

总之，在深入推进高职生"2+1"定向培训工作中，要进一步深化校企合作，继续在人才培养模式、课程体系构建、师资队伍共建、实训基地共享、培训教材开发等方面开展探索和创新，不断总结经验，精益求精，推动校企一体化人才培养平台建设，提高技能人才培养质量，为集团公司"五个建好"提供技能人才保障。

增强责任担当 提升业务技能 为“十四运”铁路服务提供人员素质保障

○ 王 奇

第十四届全国运动会（以下简称“十四运”）于2021年9月15日至9月27日在陕西省举办，这是在中西部地区首次举办的规格最高、规模最大的全国性体育盛会。在中国共产党成立100周年、“十四五”开局之年、我国进入新发展阶段、开启全面建设社会主义现代化国家新征程的重要历史节点，举办全运会意义十分重大。中国铁路西安局集团有限公司在“十四运”服务保障中，创新培训管理，建强实训设施，提高人员素质，以强培训助推服务品质，以高素质释放保障效能，充分体现职工培训的责任担当。

一、胸怀国之大者，主动担当作为

1. 高度站位，主动作为

把第十四届全国运动会办成一届精彩圆满的体育盛会，是党和国家赋予陕西的神圣使命，更是陕西的庄严承诺。作为现代综合交通运输体系中的龙头骨干，铁路在十四运旅客运输中具有举足轻重的作用，陕西省委、省政府寄予铁路极大期望。办好“十四运”使命光荣、责任重大。西安局集团公司把为第十四届全国运动会提供运输服务保障，作为践行“交通强国、铁路先行”历史使命的重大考验，助力陕西追赶超越的重要举措，展示铁路形象的重要契机，职工培训工作以高度的政治责任感，探索创新上转下动、内引外联、多点开花等培训方式、方法和手段，发挥培训先行和素质保障作用。

2. 统筹安排，一体推进

西安局集团公司把培训工作纳入《第十四届全运会和残特奥会保障筹备工作总体方案》，与设备补强、列车开行、食品安全、疫情防控等工作一起统筹安排。一是在2021年3月至5月提升阶段，结合“十四运”和残特奥会专项服务特点，增加服务礼仪培训，确保参与“十四运”客运服务人员全覆盖，提升服务理念，增强服务实操能力。同时全面开展临战演练工作，围绕疫情防控、乘降组织、作业标准、旅客服务、应急处置等关键项点开展专题培训和演练，确保服务岗位熟练掌握处置程序，切实提升现场指挥和应急处置能力。二是在2021年6月至7月验收阶段，各专项工作组依据全覆盖验收方案，逐站、逐项开展检查验收，确保“十四运”期间包括人员培训在内的各项筹备工作全部到位，高效投用。

开展“十四运”客运服务礼仪培训

3. 优化方案，百日行动

在第十四届全运会开幕倒计时100天之际，西安局集团公司开展了“十四运”和残特奥会客运服务提质百日行动，通过环境整治、服务提升、成效巩固，打造一流的服务队伍、提供一流的服务保障、创

造一流的出行环境，以安全、畅通、温馨的铁路客运服务，助力“十四运”成功举办。一是集团公司客运部、职培部深度对接，反复优化，结合“十四运”运输需求和客运人员技能现状，制订了“十四运”服务保障培训方案，确定培训分为集团公司和站段两个层面进行，集中组织客运专项培训和安检查危培训两大类。客运专项培训包含服务师资培训、服务骨干培训、全员覆盖培训；安检查危培训包含安检值机资格培训和“十四运”落地检培训。二是明确部门、站段、培训基地在培训组织中的职责、任务和时间节点，倒排日期，责任到人，分批次进班，并以文件的形式确认生效，确保全部培训在百日行动内全部完成。三是圆满完成培训任务。“十四运”服务保障培训中，集团公司层面举办服务师资培训班 1 期 30 人，客运骨干培训班 6 期 330 人，安检员资格培训班 6 期 432 人，落地检抽调人员培训班 6 期 377 人，红十字救护员资格培训班 4 期 320 人，160 km/h 动力集中动车组业务技能培训班 1 期 30 人，共计 1 519 人。12 个客运站段开展“十四运”服务保障培训 7 392 人次，为“十四运”服务保障培训提供了强有力的支撑。“十四运”乘火车抵离运动员、裁判员、技术官员、媒体记者 2 258 批次 11 498 人，国铁集团转旅客来电表扬 1 107 件。

二、坚持四个结合，实施精准培训

1. 分层与分类相结合

一是分层组织培训。在“十四运”服务保障培训中，明确集团公司、站段、车间、班组各层级培训分工，实现上转下动，各司其职，各尽其责，培训有序。集团公司组织客运师资、客运骨干、安检查危和红十字救护等重点培训对象进行脱产培训。客运站段充分发挥服务师资队伍优势，组织开发培训教材课件，组织培训不少于 24 学时的全员全覆盖服务培训。车间（车队）每周组织全体人员进行 2 学时客运规章和服务礼仪服务，每月组织实作岗位练兵。班组利用班前、班中、折返站及休班时间，进行礼仪及强基达标百题培训和客运仪容服务标准训练，并采取抢答赛、对抗赛等多种形式，掀起了学礼仪、强技能、比服务、展形象的高潮。二是分类组织培训。根据不同工种岗位性质职责、岗位标准、作业流程，划分不同的培训对象。针对不同培训对象的业务需求，制订菜单式培训方案，确保培训实效。举办客运服务师资培训班，进一步提升服务师资授课能力，扩大师资队伍实现站段全覆盖。举办客运服务骨干培训班，围绕“十四运”服务，以专运、商务座、贵宾室、服务台等岗位职工为重点开展提升培训。举办全员覆盖培训班，发挥集团公司和站段两级服务师资队伍优势，利用班前班后和空闲时间，以灵活机动的培训形式组织客运业务培训。举办安检查危培训班，集团公司和站段两级组织安检手检、值机岗位理论培训和实作技能训练，切实提高安检处置能力。三是创新客运职业技能竞赛组织形式，在原有实作、理论、礼仪决赛项目基础上，调整增加作业展示环节分值占比，并以实操能力提升为核心，加大规章运用题型配比，实现竞赛与现场融合、单一礼仪展示向标准化作业转型，促进全员学技练功。

2. 理论与实作相结合

客运服务重在将作业标准、服务礼仪融入日常旅客服务中，做到内化于心，外化于行。在集团公司和站段两级“十四运”服务保障培训中，坚持理论培训与技能演练相结合，以学促练，以练促干。一是从个人礼仪与授课服务、教学技能、教学语言、教学互动技巧与方法、教学设计与仪式开发、教室礼仪与形象塑造等方面进行培训，采用老师讲解服务技巧和常见案例与列车实操相结合的方式，开展实景训练，综合提升客运师资专业素养能力。二是在连续 3 年服务外形、语言等“外服务”训练基础上，开展服务心态、服务技能及处理能力等“内服务”提升培养，促使职工实现服务“有形”与“无形”的自由转换。三是创新实操考核环节，变问答式为服务场景展示，不再仅是培训老师点评，而是所有参培人员互相观摩评价，学习借鉴他人服务技巧，以他人的问题补强自己工作中的不足。四是在安检查危培训中，利用实训基地、备用设备、空闲通道及作业空闲时段，以班组岗位为单位，开展实作技能训练。做好“十四运”安检查危实物化培训，开辟实物化培训橱窗、配置危险品实训包、印制危险品识别画册，切实提高安检处置能力。在集团公司举办的 6 期安检值机资格培训中，432 人参加培训，考试合格取得值机资格证 375 人，通过率 86.81%。五是为确保“十四运”期间妥善应对各类突发事件，结合赛事期间铁路运输组织特点，组织开展踩踏事件、紧急疏散、暴恐事件、大面积晚点、卫生防疫等专项应急演练 49 场次，对演练中存在的问题现场给予点评指导，切实提升职工现场应急处置能力。

3. 线下与线下相结合

一是精心设置线下培训课程。在 1 期客运服务师资培训班和 6 期客运服务骨干培训班中，从礼仪新视角、形象美效、仪容修饰、体态风范、服务色彩、服务语言、“十四运”手语等方面展开培训，特别是以茶为媒，开设茗品鉴赏课，以文化人，以文育人，帮助学员理解和领悟中国茶文化的精髓，将茶文化融入“十四运”优质服务。二是多点开花，以站段为主体，组织开发“十四运”服务保障系列培训教材课件。先后开发编写了“普速列车作业标准”“动车组列车作业标准”“西成高坡应急疏散”等视频课件，并分工种、分岗位编制了《客运强基达标百题库》等题库教材，方便职工日常学习。三是加强疫情防控培训。组织站段师资力量编写防疫培训手册，在各类培训班增加疫情防控科目和学时，遇到变化随时动态组织培训。同时，集团公司利用现场腾讯会议组织专题研讨，帮助干部职工巩固、理解和掌握疫情防控知识。四是借力互联网 +，充分利用“西铁掌中学”手机 App，推送客运服务多媒体培训资源 58 条，组织“十四运”服务保障网络培训班 17 期。组织对“十四运”客运骨干培训班外聘高级培训师授课全程录像，截取精华片段，制作客运礼仪系列培训课件 20 集，在西铁掌中学手机 App 平台推送 8 集，点击率达到 105.7 万人次，受到干部职工欢迎。

4. 内引与外联相结合

一是作为“十四运”接待工作重要行业系统，参加“十四运”及残特奥会西安赛区接待工作培训会议，了解掌握“十四运”接待工作重点项目、关键环节和注意事项。积极对接“十四运”执委会，获取官方资料，按照职工接受程度不同，以一问一答的形式整理出“‘十四运’旅客服务 80 问”，上传至“西铁掌中学”App，方便职工学习。同时编印了图文并茂的《“十四运”服务保障手册》口袋书，内容涵盖“十四运”简介、服务接待、疫情防控等方面，职工可随身携带，随时学习。二是围绕“服务全运生活”主题，以站段为单位，邀请西安卫星测控中心、陆军边海防学院和驻站武警官兵担任教官，以列队接班、仪容军姿为重点内容，采取分组、合练轮训的方式，开展军训大练兵，磨砺职工意志，提升团队凝聚力。三是邀请杭州礼乐科技有限公司两名国际注册高级礼仪培训师、西安铁路职业技术学院一名讲师围绕基础礼仪、职业形象、服务技巧等项目，通过规范讲解、案例分享、现场演示、场景模拟等形式，开展服务深度培训和拓展训练。

“西铁掌中学”App推送客运服务礼仪系列培训课件

三、助力省域经济，做实“动集”培训

为服务“十四运”，提升陕西省内旅客列车开行品质，助力省域经济提升发展，西安局集团公司以西安为圆心，开行覆盖全省所有 10 个地级市以及内蒙古自治区鄂尔多斯市的“复兴号”动力集中型（以下简称

动集）动车组30对，构成了动集动车组“小米字”形铁路交通网，得到中共陕西省委、省政府高度评价，受到三秦父老的好评。职工培训工作全力以赴全力做好“绿巨人”动力集中型动车组开行培训工作，为“绿巨人”运行安全保驾护航。

1. 突出关键流程，做好平稳操纵培训

一是编制新增西铜、宁西、阳安线值乘区段各站发车方式、技术标准电子书，利用“西铁掌中学”App平台组织动集动车组司机培训学习。针对动集动车组司机新岗、新线人员组织专项教育，帮助新岗新线动集动车组司机熟悉站场设备，优化列车操纵。二是以新线操纵“五色图”、鼓形动集动车组应急故障处置培训为抓手，围绕进站停车、平稳操纵等方面的业务技能，结合汛期行车、动集动车组增开等形势任务，组织动集动车组司机业务培训416人次，达到培训全覆盖。三是围绕起伏坡道运行、列车起动等关键环节，全面摸排乘务员操纵中存在的不足，分区段建立问题库，成立平稳操纵攻关小组，开展问题攻关，不断优化《列车操纵五色图》及操纵提示卡，促使动集动车组司机重点掌握制动机、进退手柄等关键环节的操纵要求。四是运用大数据分析、添乘检查、车厢暗查等方式，借助电子平稳仪、平稳操纵检测棒，对动集动车组列车运行情况进行专项检查，并将结果汇总分析，奖优罚劣。对新转线、新顶岗动集动车组司机，实行逐趟分析，一对一帮教，提高动集动车组乘务员的平稳操纵能力，确保“十四运”期间动集动车组开行平稳有序。

2. 突出应急处置，做实途中应急培训

一是送出去培训。组织30名动集动车组机械师赴中车唐山机车车辆有限公司进行以直形体与鼓形体动车组差异、鼓形体动车组技术特点、动集动车组运用维修相关技术要求为重点的高精培训，为西安局集团公司储备动集动车组检修管理和技术骨干。二是请进来培训。邀请厂方专业技术人员担任师资，组织30名职工和管理人员进行动集动车组（鼓形体）新业务技能培训。培训涵盖为直形体与鼓形体动车组差异、鼓形体动车组技术特点、动车组故障应急处置以及相关技术规章等，并在培训结束后组织考试。三是组织应急处置实作培训。利用现车集中讲解，组织随车机械师逐人进行实操演练，实训师资对每人操作过程中的问题现场点评纠正，强化运行途中停放制动系统故障时应急处置，提升随车机械师途中应急处置能力。四是发挥实训室作用。动集动车组实训室一期建成后，组织开展隔离开关、塞拉门操作实作培训8期245人次，提高人员设备故障处理能力。

组织动力集中型动车组机械师实训

3. 突出实训建设，做精实景实物化培训

对标国铁集团《铁路运输站段技能培训基地示范标准》，按照“实战化、实景化、实物化”实训基地建设目标，通过职工动手自建、利旧、购置三种方式，建成一批站段和车间两级实训基地。一是推进西安客运段实训基地和实训教室建设。配备动集动车组和380动车组1∶1练功列车模型，建成仪容形体实训室、红十字救护实训室、职工培训讲堂实训室、网络微机室，配备列车消防应急器材、锅炉电器、仪容整理台、单人徒手心肺复苏模拟假人、计算机影音监控等设备，具备客运应急演练、服务礼仪培训、实作考评、标准化作业等实训功能，满足日常实物化培训演练和应急处置演练需要。二是推进西安客车车辆段实训基地建设。目前动力集中动车组实训室一期已建成投用，包含动集动车组模拟驾驶操作台、列车网络控制系统、列车供电系统、动车组塞拉门、受电弓接触网车顶实训平台、动力车电路和风路图示教板、安全环路实训模型、隔离开关实训模型等，满足职工日常学技练功需求。

四、几点体会

1. 要找准定位

铁路承担的“十四运”服务保障工作犹如一座庞大的联动机，环环相扣。要结合服务保障整体工作对

（下转第19页）

关于开展中青年干部培训的实践与思考

◎李吉乾

2020年，中国铁路郑州局集团有限公司深入贯彻国铁集团党组部署要求，坚持以习近平新时代中国特色社会主义思想为指导，着力打造适应新使命新任务新要求、数量充足、充满活力的铁路年轻干部队伍，举办了为期4个多月的中青年管理骨干培训班，以培训为平台，进一步加强年轻干部政治训练和实践锻炼，全面提升政治素养、思维能力、管理业务和实践水平，为加强铁路企业年轻干部培养开展了有益探索，积累了初步经验。

一、背景意义

1. 加快培养优秀年轻干部是党中央高度关注的战略任务

党的十九大报告中提出“要建设高素质专业化干部队伍”。2018年，习近平总书记在全国组织工作会议上强调，要切实加强和改进年轻干部工作，下大力气抓好培养，并对各级党组织落实年轻干部培养的责任提出了具体要求。在中央《2018—2022年全国干部教育培训规划》中提出实施“年轻干部理想信念宗旨教育计划”，要求坚持分类培训，有计划地安排年轻干部到党校和党性教育基地接受系统理论教育和严格党性教育。党的十九大以来，习近平总书记连续多次参加中央党校的中青年干部培训班开班仪式，从中青年干部提高理论修养、主动担当作为，发扬斗争精神、提高斗争本领，提高政治能力、调查研究能力、科学决策能力、改革攻坚能力、应急处突能力、群众工作能力、抓落实能力“七种能力”和做党光荣传统、优良作风的忠实传人等方面发表一系列重要论述，为中青年干部培养和教育培训工作定盘把舵，提供了根本遵循。

2. 加快培养优秀年轻干部是事关铁路企业长治久安的基础工作

国铁集团党组历来高度重视年轻干部培养，党组书记、董事长陆东福同志提出要“着眼铁路事业长远发展，提高所属单位领导班子50岁以下人员比重。选派优秀年轻干部到铁路重大工程、重大项目、重点任务中履职担责，鼓励去实践中锻炼成长成才”。在2020年国铁集团组织人事工作会议上，陆东福同志又指出，要加大发现储备力度，保证国铁集团、铁路局集团公司、基层站段都有相应层级的优秀干部储备；要加大选拔使用力度，着眼未来5年乃至更长时间的发展需要，选拔优秀年轻干部充实领导班子，改善领导干部队伍整体梯次结构。

3. 加快培养优秀年轻干部是确保集团公司高质量发展的现实需要

在年龄结构方面，截至2020年初，集团公司在职领导人员平均年龄52.2岁；50岁以上占总数70%，55岁以上占总数超过41%。领导人员年龄结构总体老化，即将进入一个较为集中的新老交替时期；在知识结构方面，受铁路行业长期以来的环境限制，干部队伍中存在观念陈旧，思维僵化的问题，经验主义较为严重，对现代企业的管理理念和必备知识掌握不足，不能适应当前新形势新任务的需要，迫切需要加快培养一批高素质、专业化的后备领导干部，来保证企业接续发展。在人才储备方面，2018年，集团公司印发了《郑州局集团公司管理和专业技术人才接续培养规划(2018—2020)》，分层建立管理骨干接续培养储备库，定期进行了年轻干部调研工作，分系统了解掌握了一批能力素质过硬、群众认可度高的年轻干部作为中青年管理骨干培养人选，亟需通过集中培训的形式加快成长锻炼。

二、主要做法

此次中青年管理骨干培训班自2021年6月15日至10月30日，历时4个多月，参培学员83名。培训共分为两个阶段：第1阶段在集团公司党校和复旦大学集中学习2个月；第2阶段分别赴上海、沈阳局集团公司挂职实践学习各1个月。最后在集团公司党校

进行总结交流和成果汇报。总结培训期间的工作，主要有以下 6 个方面。

1. 党委主抓，精心组织筹备

集团公司党委统一领导培训班的筹备组织工作，党委书记、董事长亲自主持，召集专题会议部署筹备并亲自联系协调学员挂职实训，党委副书记、总经理多次听取工作汇报，党委副书记召集人事部（党委组织部）、党校等部门反复研究，数易其稿，拟定培训实施方案，并经集团公司党委会集体研究通过。在集团公司党委领导下，建立起以人事部（党委组织部）牵头负责、党校主要配合、各部门协调支持的工作机制，有效提高了筹备工作的质量和效率。

2. 突出标准，做好学员遴选

集团公司按照中青年干部培养需要，在学员遴选中突出政治标准，树立基层导向，坚持单位推荐与组织把关相结合，工作业绩与发展潜力并重，确保将优秀人才纳入培训。在基层单位推荐的基础上，以 42 岁以下中层（正副科职）干部为重点，对 239 名推荐人选和 146 名 2018 年、2019 年中青班学员进行资格审核。在疫情防控的严峻形势下，运用网络视频方式，对 141 名符合初选条件的人员进行逐一面试，并再次征求所在单位党委和集团公司纪委的意见，最终确定了 83 名学员。

3. 聚焦问题，设计培训课程

在集中培训阶段，针对中青年管理骨干理论基础不扎实，吃苦奉献、担当作为意识不强，理性思考和管人管事能力不足，知识更新较慢等突出问题，安排政治理论、哲学基础、思维方式、管理实务、知识拓展和集团公司重点工作 6 个课程模块，以求做到有的放矢。坚持发挥党校的主阵地作用，补充路外高校优质师资，在复旦大学开展 6 周、3 个课程模块的强化培训，发挥两个平台各自优势，使传统的理论学习与当前企业发展新形势相结合，思维能力训练与管理能力培养相结合，课堂授课与现场教学相结合，体现中青年管理骨干培训姓“党”、姓“铁”、姓“郑”的特色。

4. 看齐先进，组织挂职实训

在实践学习阶段，全体学员分为 2 个大组，分别赴上海局、沈阳局集团公司管理基础较好的对口站段挂职学习 1 个月，到期后互换再进行 1 个月的实践学习。挂职岗位根据学员从事专业分配到基层车间，学员与挂职单位管理人员、一线职工同吃、同住、同工作同学习，学员累计跟班作业（添乘）354 次，参加现场巡视检查 386 次，参加各级各类交班会、对话会、分析会 700 余次，到一线车间班组与职工座谈 340 余人次，全面熟悉掌握对方单位规章制度，了解设备状态和队伍特点，围绕调研课题深入研究思考。

5. 围绕目标，丰富学习形式

培训期间组织学员开展多种课辅活动，引导养成学思用贯通、知信行统一的良好学风。先后组织学员开展 4 次分组座谈、5 次专题分享，41 名学员走上讲台。组织 4 场辩论赛，围绕铁路实际和普遍困惑设置题目，在思想观点的交锋中不断提升认识分析问题的广度和深度，锻炼思维能力和语言表达能力。学员每日用网络视频方式回顾学习内容，每周总结学习收获，自主编印《中青班学报》17 期，提升了归纳总结和文字运用能力，积极展示学习风采。培训期间每名学员结合岗位实际制订调研课题，经所在单位领导审定后开题，课题进度与培训同步推进，课题成果由学员本人在培训结束前现场发布，互相交流，集团公司业务部门参加评定并向所在单位领导班子专题报告。

6. 坚持从严，强化学员管理

将培训过程作为强化全体学员政治意识教育、严肃党内政治生活、加强学员党性锤炼和作风纪律养成的过程。培训班成立临时党支部，明确支委职责，按期开展组织生活，各项活动由学员自行组织、自主管理。面对常态化疫情防控形势，培训班严格落实干部教育培训学员管理规定和疫情防控要求，制订了学员防疫“四必须、八禁止”以及多种应急预案。培训期间全程封闭管理，集中食宿，集中乘车往返，每日测温，杜绝外出聚餐和到疫情高风险场所，减少乘坐公共交通工具，培养了学员在约束下学习和生活的思想自觉、行动自觉意识。

三、取得的成效

1. 提升了政治素质

学员们全面系统地学习了党的思想理论和奋斗历史，特别是系统学习了习近平新时代中国特色社会主义思想，使自身理论功底更加扎实。通过在国内先进企业和路内先进单位的亲身体验，学员们对共产党员践行初心使命有了更深的认识，“四个意识”更加牢固，“四个自信”更加坚定，“两个维护”更加自觉，履行“交通强国、铁路先行”历史使命的责任感和行动力更强。

2. 改进了思维方式

学员们熟悉和初步掌握各种思想工具，感受到观念的开放与陈旧、思路的宽阔与狭隘、方式的灵活与僵硬对个人和工作的巨大影响。通过思维能力的提升，学员们认识和分析问题的角度更广、方法更多，进一步加深了对集团公司战略目标和发展思路的理解，认识和把握集团公司安全经营和改革发展各项决策部署更加准确，为在今后的工作中更好地贯彻落实奠定了思想基础。

3. 增强了管理能力

学员们提高了管理者的角色认知层次，增强了管理自我、管理他人和管理事务的能力。学员们吸收先进的管理理念，明确了改进方向，补齐了认识短板，对照岗位工作中的难点痛点问题思考解决思路，进一步加深了对双重预防机制、标准化规范化建设、绩效考核、星级职工、培训业务技能培训模式等集团公司重点工作的理解，增强了推进落实的能力。

4. 强化了自我认知

学员们通过理论与实践的碰撞，先进企业与自身工作的对比，清晰地看到了差距、认清了不足，同时也看到了优势、坚定了自信，搞清楚了铁路企业应当坚持什么、发扬什么、改进什么、摒弃什么。在兄弟局集团公司挂职实训的过程中，学员们切实感受到在信息技术应用、科技保安全、标准化建设等方面的巨大差距，明晰了集团公司管理“为什么严、严在哪里”，将精细管理的特点具象化，结合实际择各家之长，使学习从感性认识上升到理性层面。同时在施工安全管控、“三室”作用发挥和职工培训方面，学员们也切实感受到自身工作的价值，进一步增强了信心和定力。

5. 加深了考察了解

集团公司党委和组织人事部门通过培训收集了解学员现实表现和工作业绩，掌握一手资料 500 余份。联合复旦大学运用现代人力资源测评手段，对全体学员进行岗位胜任力和发展潜力的测评分析。组织人事部门全程跟班近距离观察学员表现，加深对学员德才素质的感性认识，累计召开集体座谈会 11 场，参加学员 173 人次。组织考察组分别赴沈阳、上海局挂职单位调研，听取挂职单位评价意见。综合各方面评价逐人撰写评价材料，为将来考察培养使用提供重要参考。

四、经验与启示

1. 牢固树立政治意识，把准政治方向

中青年干部培训应当坚持政治站位，围绕党的政治建设和铁路企业改革发展大局思考和行动。必须始终坚持党委的统一领导，突出政治属性，旗帜鲜明地讲政治，将政治素质的培养作为培训第一任务，将提升党性修养、树牢理想信念作为重中之重。坚持用党的理论武装人，用党的思想引领人、用党的精神感染人、用党的事业激励人，用党的作风塑造人，将党的路线方针政策和优良传统融入培训课程和管理各个环节。

2. 增强系统思维，科学统筹谋划

中青年干部培训是一项系统工程，不能搞大水漫灌，必须做好统筹规划，明确培养目标，分级分类，有的放矢。在铁路企业中，一般干部、中层干部和领导干部的岗位特征和素质能力要求具有较大的差异，组织培训时应当针对每个层级特点科学设计培训方案，各个层级相互联系，有所承接，共同构成干部培养的成长链条。从铁路企业实际出发，应当用好内外部两种资源，发挥高校、科研院所和培训机构的专业优势和所属党校的铁路行业特长，使两种资源、两个平台相得益彰，互相协同，共同起到支撑保障作用。

3. 把握和遵循干部成长规律

人才的成长归根结底是一个实践问题，中青年干部培训必须坚持和发扬我党理论联系实际的优良学风，始终围绕人才成长的要素，特别是把“求实”的原则贯穿始终。在学员遴选中，应当注重实践经历，着重选拔在基层一线经风雨见世面、在重要紧急任务中敢担当冲在前的优秀年轻干部。在培养方式上，应打破单纯的理论学习形式，通过挂职实训、课题调研等多种方式，将培训课堂延伸到运输经营和安全生产场景中，通过实践锻炼帮助年轻干部快速成长提高。

4. 坚持问题导向和目标导向

中青年干部培训应当坚持问题切入、目标引领。通过模块化分解培训课程，主办部门组织学员阶段小结、模块考试，定期回顾，组织座谈交流，同步开展调查研究等方式，不断地引导和启发学习思路，传递学习压力，督促学员发现问题、分析问题、解决问题，以提高应对复杂局面的能力，确保学员始终保持高度的专注和饱满的学习动力，养成和巩固善于学习的思想和行为习惯，使学习真正成为中青年干部的生活态度、工作责任和精神追求。

（作者单位：中国铁路郑州局集团有限公司新乡桥工段）

“2+1”高职毕业生前置岗前培训工作实践

○武富超

为落实国铁集团“强基达标、提质增效”工作主题，适应铁路快速发展需要，培养素质优良、技术一流的职工队伍，必须严抓岗前培训工作。2021年济南西车辆段拟接收52名“2+1”高职毕业生，在“2+1”高职毕业生前置岗前培训工作中，济南西车辆段全面落实集团公司“真培、真学、真考”的要求，强化组织领导，创新培训方式，提升培训能力，加强培训管理、从严考核，努力将“2+1”高职毕业生培养成爱岗敬业、无私奉献、业务一流的优秀职工。

一、2021年拟接收“2+1”高职毕业生状况

2021年济南西车辆段拟接收高职毕业生具体情况见表。

2021年济南西车辆段拟接收高职毕业生具体情况

年份	人数	性别		各学校人数											各专业人数				籍贯分布	
		男	女	河北轨道运输职业技术学院	黑龙江交通职业技术学院	湖南铁道职业技术学院	兰州交通大学铁道技术学院	辽宁轨道交通职业学院	辽宁铁道职业技术学院	南京铁道职业技术学院	山东职业学院	陕西铁路工程职业技术学院	石家庄铁路职业技术学院	郑州铁路职业技术学院	动车组检修技术	铁道车辆	铁道供电技术	铁道机车	济南	外地
2021	52	41	11	3	4	3	1	3	1	3	28	1	3	2	16	29	6	1	12	40

1.“2+1”高职毕业生前置岗前培训存在的问题

（1）岗位人员分配有难度。通过高职毕业生构成情况分析发现，女生占有一定比例，而济南西车辆段是货车检修单位，大部分岗位生产任务重，工作强度大，适合女生的工作岗位不多，人员的岗位分配有一定难度。

（2）部分高职毕业生专业不对口。通过高职毕业生构成情况分析发现，52名高职生来自11个技术学院，学习的标准和要求不一样，且有23名高职毕业生专业是非铁道车辆专业，车辆基础知识薄弱，与济南西车辆段岗位要求有一定差距。

（3）高职毕业生培训认知有差距。一是思想认识有差距。高职毕业生思维敏捷、思路开阔、接受能力强，但部分高职生在学校与单位之间转换不够及时，对培训的重要性认识不够到位。二是吃苦精神较差。部分高职生对前置岗位培训面临的困难估计不足，再加上货车检车员、车辆钳工等岗位技能培训标准高、要求严，容易使他们产生畏难情绪和挫败感。三是人际关系处理和自律能力不强。由于他们缺乏社会实践经验，遇到问题容易造成思想波动；个别高职生自由散漫，自我约束能力不足，与岗位培训的纪律要求差距较大。四是对培训认识不够全面。有的高职生仅从新颖性、及时性、趣味性来看待培训，对于达不到自己要求的培训内容，不能全身心投入，培训的主动性较差。

2. 站段对高职毕业生期望值高，培训压力大

近几年济南西车辆段陆续进入退休高峰，生产一线人员结构断层现象突出。2021年，济南西车辆段预计退休人员90多人，货车检车员、车辆钳工等岗位人手不足，急需对关键岗位进行补充，因此，车辆段对高职毕业生期望较高。

由于列车调整运行图的实施和生产结构的调整，车间对新职人员技术业务水平的要求越来越高，不但要求他们能干，还要优质安全地完成生产任务，这对高职毕业生的安全、理论和实作培训提出了新的要求和标准。近几年车辆新技术、新设备日新月异，新型

货车类型不断出现，为了让高职毕业生技术业务水平与现场工作无缝对接，培训要求越来越高，培训压力急剧增大。

二、细化方案，精细准备，从细节入手

1. 深化需求，精心制订方案

根据新的培训模式，职教科坚持需求导向，配合劳人科深入车间，分析汇总各车间岗位人员需求，掌握安全生产对“2+1”高职毕业生的实际要求，深入了解车间在师带徒、技能培训中的存在的困难和需要解决的问题。多次召开座谈会，听取车间主任、教育管理人员、班组长对“2+1”高职毕业生培养的要求和建议；以微信、面对面等方式与往届高职毕业生交流，听取他们的期望和建议，为“2+1”高职毕业生的到来做好准备。

车辆段精心制订了培训方案，在方案设计上，遵循“实际、实效、实用”和“干什么学什么，缺什么补什么”的原则，增加了现场观摩和交流环节。在培训内容安排上，既侧重思想引导，又重点围绕安全、理论知识、技能培训等内容，既有安全知识，又有职业道德。

2. 优化师资，选好兼职教师

根据车辆段专职教师人员有限的实际情况，选择合适的兼职教师关系着“2+1”高职毕业生前置岗前培训班的培训质量。采取的措施由段主要领导亲自把关，按照“专兼结合，精干高效”的原则，选聘的兼职教师均是现场经验丰富、有多年授课经历或曾取得过集团公司技术能手的人员担任。对于承担授课任务的教师，授课前严格把关，无教案、无课件一律不允许授课，任课教师不但负责知识培训，还要负责一对一思想交流。为了提高“2+1”高职毕业生培训班授课质量，济南西车辆段对授课老师制订了激励措施，对兼职教师给予精神和物质上的奖励。

教师与新进高职毕业生进行一对一交流

三、结合实际，确保培训质量

1. 分工明确，落实职责

为了抓好“2+1”高职毕业生前置岗前培训工作，车辆段成立了“2+1”高职毕业生培训领导小组，协调各部门，共同抓好“2+1”高职毕业生培训工作。领导小组由段主要领导任组长，职教科、劳人科、办公室、安全科、技术科、工会、团委等负责人为组员，召开会议，多方部署，从衣食住行、课程设置、文体活动等多方面进行安排，解决“2+1”高职毕业生的后顾之忧，确定入路、安全和实作培训内容。职教科负责培训前的各项准备工作，组织做好培训需求调查和培训教案编制，安排授课老师，做好图书和学习用品的发放，负责培训期间人员管理和考试工作；劳人科负责根据生产岗位人员需求，超前提出分配预案，协助职教科做好人员管理；安全科负责劳动安全和专业安全培训；技术科负责实作技能培训；党群办公室负责思想政治授课；车间负责车间级和班组级培训、考试，协助做好实作技能培训和管理工作。

2. 借力实施，强化思想引导

在“2+1”高职毕业生前置岗前培训中，职教科以铁路文化为基础，加强与党的思想建设和共青团工作的配合。结合“2+1”高职毕业生的特点，以段、车间、班组党建和共青团工作为平台加强思想引导，定期组织交流，就如何做人、做事，如何尽快完成角色转变、快速成长等方面提出期望和要求。车辆段组织高职毕业生走楷模路，参观楷模广场，将先进青工典型、标杆青工为学习对象，营造氛围，强化理念教育。在思想政治教育中，将职业道德、职业纪律与职业危机感相结合，大力宣传爱岗敬业、无私奉献的典型事迹，充分发挥先进典型的示范和引领作用，帮助和引导“2+1”高职毕业生树立正确的人生观、价值观，培养他们良好的职业道德、职业精神和团队意识。

3. 过程控制，确保培训质量

对“2+1”高职毕业生前置岗前培训班，采取双班主任制，对培训的过程严格把控。建立了培训班考勤制度、教学管理制度、考试制度、教案审查制度、听课制度和培训质量评估制度，班主任进行全程录像，实时反馈、点评高职毕业生表现，及时与授课老

师沟通交流，反馈高职毕业生的意见和建议。职教科严格落实“真培、真学、真考”的规定，根据所学内容，定期组织高职毕业生进行单人单桌考试，当面公布考试成绩并进行现场讲评，提高“2+1”高职毕业生学习动力，同时让他们从入段起就树立良好的学风和作风。

职教科定期召开车间教育管理人员座谈会，汇总“2+1”高职毕业生师带徒现场培训情况，对重点问题形成专题汇报。针对部分“2+1”高职毕业生对现场培训学习的不适应和心理负担，职教科进行上报，段进行统一安排，由车间书记和经验丰富的老职工进行一对一的心理辅导，帮助他们度过心理不适期。职教科还要求车间教育管理人员对“2+1”高职毕业生培训情况进行跟踪关注，并及时在微信群“西辆职教群”中进行探讨和交流，不断完善优化培训方案。

4. 重中之重，抓好安全教育

车辆段高度重视“2+1”高职毕业生的安全培训，为了加深“2+1”高职毕业生对安全的认知，牢固树立安全意识，组织“2+1”高职毕业生观看了《责问》、事故剪辑等一系列警示片，到段安全警示教育基地进行记名学习，开展安全大讨论，尤其是就如何避免警示教育片中的违章问题进行互动交流。授课老师在讲课中，穿插了大量的事故案例，并对其一一进行了讲解和分析，加深高职毕业生对安全的认知。严格落实“三级”安全教育卡死制度，上一级培训未完成或考试不及格，一律不准进入下一步的培训环节，车间级和班组级安全培训由车间主任和班组长亲自负责，注重岗位培训的针对性和应急处置措施。

5. 夯实基础，提升技能水平

“2+1”高职毕业生是未来车辆段岗位操作人员的骨干力量，在完成规定的入路、安全和理论培训后，由师傅带领进入岗位实作技能培训。师带徒培训期间，职教科定期到车间、班组检查师带徒培训进度和质量，及时解决培训中的问题。各车间在师带徒的基础上，充分利用本车间实训练功基地组织“2+1”高职毕业生开展岗位练兵和技能比赛。针对“2+1”高职毕业生实作技能基础薄弱的问题，车间充分发挥兼职教师和技术骨干的作用，采取示范式培训，侧重于作业标准和作业流程，将作业标准和作业流程所有的动作进行分解，由培训人员一一演练，兼职教师和技术骨干进行现场指导，其培训方式简单明了，便于高职毕业生理解掌握。

技术骨干进行现场指导

四、培训初见成效及下一步工作

“2+1”高职毕业生前置岗前培训工作，加快了高职毕业生成长速度，缩短了站段对高职毕业生的培养周期，促进了站段人才培训的实施，极大缓解了生产一线用人紧张的状况，达到了服务一线、服务职工，为现场排忧解难的目的。通过培训，济南西车辆段52名高职毕业生相继完成了入路教育、安全和理论培训，顺利完成了师带徒培训考核。2021年7月，52名高职毕业生全部通过了济南局集团公司组织的职业技能等级认定，达到了上岗资格要求。他们都能够掌握所从事工种岗位的安全理论知识，熟悉岗位作业流程，具备了应急和独立作业能力，将为济南西车辆段生产任务的顺利完成做出辛勤奉献。

济南西车辆段将继续关注“2+1”高职毕业生的成长和实施人才培养计划，在“2+1”高职毕业生独立上岗初期，继续安排经验丰富的老职工做好“传、帮、带”的作用，通过深化落实每班一题、每周一学、每月一练、每季一赛、每年一评的“五个一”机制，做好“2+1”高职毕业生的持续培训工作，努力将“2+1”高职毕业生前置岗前培训工作打造成精品培训品牌。

（作者单位：中国铁路济南局集团有限公司济南西车辆段）

多措并举 精准做好通信专业“2+1”定向培养高职生岗前资格性培训

◎ 孙 磊

由集团公司各职培基地承办的“2+1”定向培养高职生岗前资格性培训中的“2”指的是学员在高职学校学习两年，“1”则是指高职生第三年直接到签约的单位实习，其间分专业参加在各基地组织的岗前理论培训，结业后按照中级工的等级进行铁路职业技能等级认定，各项认定结果全部合格是正式入职铁路的硬性必要条件。对于各职培基地来说，如何精准做好“2+1”培训是大家共同面临的一个崭新课题。

一、具体情况

按照计划，2021年通信专业“2+1”学员在上海通信段报到后，当天直接进入蚌埠职培基地进行安全、理论培训。在全面了解学员就读学校和所学专业后，同时考虑到他们没有任何实习实践经验，基地预测这批学员现代铁路通信专业知识基础较差，如果不采取有效的手段尽可能做到精准培训，则顺利通过各项技能鉴定难度会很大。因此基地决定先进行摸底测试，全面了解学员的专业理论知识水平，然后再有针对性地制订培训方案。

通过对90名学员按照国铁集团铁路特有工种技能鉴定中级工规范的要求进行理论测试，试卷批改结果显示，得分在57~50分的有9人，其余81人都在50分以下。结果出来后，基地立刻组织进行试卷分析、个别询问、集体座谈，归纳得出这批学员成绩不理想有以下几点原因。

1. 态度不够认真，缺乏危机感

通过分析发现，有不少学员试卷大幅空白并且早早交卷，甚至个别人几乎交了白卷，除了没接触过这种类型的试题导致不会做的原因之外，这批学员普遍对集团公司组织培训的重要性和必要性认识不够清晰，态度不够认真，普遍对摸底考试不够重视，没有就业危机感。

基地领导召集学员座谈会

2. 专业理论知识“学不对路”

座谈中，大多数学员反映，在高职学校所学知识与摸底试卷中内容相差甚远，有些知识点以前从来没有见过。分析原因，是由于高校教材内容与铁路通信现场实际知识相比存在滞后性，学员原来在校所学与铁路现有通信技术、设备等相关知识相差甚远，针对性不强。铁路通信工种的培训规范主要是根据铁路现场作业安全、设备、技术、规章等制订的，因此教学内容和试题编制都以培训规范为依据，与学员在学校所学课本的内容脱节严重，所以会出现“学不对路”的状况，导致摸底测试结果不理想。

3. 网课效果不佳，学习效果较差

受疫情影响，这批学员2020年一年的专业课基本都是通过网上授课完成，作为今后立足工作最重要也是最难掌握的专业知识，网上学习深入性不够强，缺乏与教师互动交流和当面请教、答疑解惑的机会，座谈中多数学员反映网课效果不佳，听课流于形式，无

法真正理解专业内容，学习效果较差。

二、改进措施

针对以上原因，基地组织相关师资进行认真分析研讨，确定从以下几个方面组织实施教学以期进行精准培训达到良好的效果。

1. 认清现状，加强就业危机意识教育

由于前期的宣传和指导不够到位，部分学员在进入基地的时候还不清楚，他们完成本次培训后需要参加基地组织的理论结业考试和劳卫部职业技能鉴定站组织的理论技能鉴定机考共两项考试，任何一项考试如果不及格且补考不过，则取消其上海局集团公司录用资格，这就意味着他们将失去本次铁路就业机会。所以，基地领导在开班动员时就反复强调这次培训的重要性，教育学员认清现状、加强就业危机意识，这样方能充分调动学员学习的紧迫性、积极性和自觉性。

"2+1"高职培训开班典礼

2. 强调纪律约束，提升专兼职师资主导作用

把好课堂教学质量这一关是取得良好学习效果的基础。为此对学员强调各项纪律约束，尤其严肃的课堂纪律是保证学习质量的首要手段，基地制订了详细的学员管理条例。在对学员提出高标准严要求的同时，为了提高课堂教学质量，提升专兼职师资的主导作用，对所有授课师资提出以下要求并严格进行考核。一是不得在教室使用手机，教师手机进教室必须静音，以免影响正常教学秩序。二是遵守上课时间，不得随意中断授课。三是授课内容不得超出培训规范和大纲并随意更改。四是组织编写浅显易懂、方便实用的讲义作为辅助教学手段。基地的教学启用了全程录像，以上教学要求专职师资基本都能严格执行，但有些外聘师资不了解基地的教学模式不同于基层单位自己组织的培训，教学中比较随意，在反复强调这些教学规范要求后，对于仍然不能严格遵守执行的外聘师资，基地将通知其所在单位并建议更换人选，以确保课堂教学秩序，目的是希望通过师生的共同监督和约束，提升培训质量。

外聘师资指导学员实作

3. 多种手段并进，促进学习提高

（1）强化基础、分解难题。"2+1"高职培训是属于铁路中级工级别的培训，不要求掌握太复杂、太高深的理论知识，对专业理论基础知识的熟知是更主要的。基地要求专兼职师资带领学员对各教学模块的基础知识进行精细解读和强化训练，注重随堂抽查提问，务求学员完全熟练掌握。对于一些技术含量较高、难度较大的内容，尽量去繁就简、分解难题，尤其要采取重点辅导、答疑、组织讨论等手段，让学员对知识点尽可能多地了解。

（2）注重知识积累、组织"学帮带"。"不积跬步，无以至千里"，知识的积累是一个循序渐进的过程，既要稳扎稳打，又要不断总结改进，为此基地有以下几点要求。一是学员认真记录笔记，尤其是教学中的重点内容，适当地做些笔记不但可以加深记忆而且以后复习也有帮助，尽量做到"学一题、记一题、清一题"，积少成多、积沙成丘。二是教务科每周组织一次强化测试，即采取"每周一考"的方式督查学习效果，对每次测试成绩较差的学员进行谈话，分析查找原因，并作出相应改进，以期不断进步。三是针对部分因专业不太对口、学习确实困难的人员组织成立学习小组，利用课余时间通过相互间"学帮带"和相关师资的重点辅导，促进学员日常专业知识的学习积累、理论水

平得到整体提升。

(3) 加强实训实作的辅助功能。蚌埠职培基地与上海通信段校段联合建设的通信实训基地经过多年的发展已基本涵盖高铁、普铁通信的全部内容，实训功能齐全的各实训室的设备、设施、仪器、仪表等与现场基本吻合，为集团公司的培训、抽考、竞赛等提供了有力保障。对于这批没有经过现场实习、直接就分到基地参加理论培训的学员，为了充分发挥实训实作对理论培训的帮辅和促进作用，基地安排通信段兼职师资利用课余时间，组织学员实训实作练习，有利于学员尽快了解和认识各类通信专业仪器仪表以及铁路通信相关设备设施等，可以变抽象为具体，既丰富了学习内容，又强化了对专业理论知识的直观认知，同时为结业后进入单位实习工作打下了良好的基础，也为学员今后参加技能鉴定实作考试做好了铺垫，可谓一举多得。

三、取得的成效

1. 学习目的明确，培训效果显著

由于入学后进行了一系列宣传和动员，学员对本次培训的目的和意义已经了然于心，由刚来时的“要我学”主动转变为“我要学”。在总计 23 天的培训期间，基地每隔一周安排一次强化测试，先后三次的测试合格率分别达到 64.4%、92.2% 和 94.4%，说明学员成绩在不断提高。有了充分的预想，再加上精心的组织和实施，培训结束时学员结业考试合格率为 91.1%，技能鉴定理论机考的通过率达到 96.7%，表明培训取得了较好的效果。对于本次考试没有通过的学员，基地将进行动态跟踪，随时和上海通信段联系，督促学员在现场实习期间不忘理论知识的复习，以便为最后的补考做好准备，如果确实需要的话，基地将安排相关师资对这些学员进行强化辅导，最大的希望就是通过大家共同努力，所有学员都能通过理论考试这一关。

2. 师资队伍得到锻炼，教学水平得到提高

“2+1”高职的培训没有可以照搬的模式，并且学员的基础也比较差，对于专兼职师资的教学应变能力是一次很大的考验。为了提高师资队伍整体教学水平，基地采取了有效措施。一是所有授课师资和班主任每周召开一次教学研讨，归纳总结本周培训中发现的问题并提出解决方案。二是教务科组织一次专职教师教学公开课，通过公开评课及时发现教学中的不足并提出改进措施。三是通过观看教学视频录像，从授课技巧、教态、教学过程如何把控等方面对兼职师资进行指导，提升兼职师资教学能力和水平。四是共同协作编写出浅显易懂、实用性强的讲义并且不断进行修改完善，为今后完整的培训教材开发打下基础。五是教学过程中能细致、耐心，时常关注学员的学习效果，采取灵活多样的方式为学员传道授业解惑，目的是使学员能尽量在有限的时间内掌握必须学习的知识点。

开展教学研讨

3. 培训实践经验得到充分完善

针对“2+1”学员对铁路企业了解甚少的情况，在强调文化知识学习的同时，基地加强对新职学员的入路综合素质教育，规范培训组织管理，要求学员从早锻炼、军训、内务整理、仪态仪表等一点一滴的小事做起，培养他们养成良好的纪律观念、团队配合意识和做事认真负责的习惯。这些举措不但提升了学员的自我管理能力，而且宣扬了“交通强国、铁路先行”的正能量，为今后更好地服务铁路开启了思想启蒙。

四、总结和启示

1. 实施“2+1”培训新模式必须贴近现场

虽然经过各种努力，培训后的理论鉴定通过率很高，但是就整体收效来说，要想让这批学员在基地结业后就能达到学以致用，迅速适应现场工作的需求，还需要更多努力。为了更好地达到这一目的，实施“2+1”培训新模式需更进一步贴近现场，“2+1”高职学员在进入基地培训前，可以先在现场一线岗位实习 3 到 6 个月，在对一线设备、技术、作业流程、作业内容以及专业仪器仪表有一定了解和熟悉后，再进行

理论培训，这样在培训过程中可以更好地将理论和实践相结合，有利于学员完成理论学习，也有利于他们随后能迅速适应岗位工作。

2. 实施“2+1”培训新模式必须创新方式方法

作为新的培训项目，基地依据的《铁路特有工种技能培训规范》无论从课程设计还是课时分配，严格来说不太适用“2+1”高职培训，需要采用创新的方式方法从源头上构建好培训机制，加强对该类培训的标准体系、质量体系、资源体系和评价体系建设，制订并严格落实《“2+1”高职培训规范》，做到有标可依、有章可循。通过上级的支持和相关站段的帮助，基地牵头组织编写“2+1”高职培训教材、制作实用的教学课件、编制配套题库。通过日常培训、集中办班、现场实践等构建完备的培训质量体系，并通过定期组织培训质量评估，提高培训效果。

3. 实施“2+1”培训新模式必须优化实习环境

“2+1”高职学员最后一学年的培养从院校转换到铁路企业，铁路单位不仅是简单地提供实习岗位，还要为学员安排有能力的师傅，以“师带徒”的方式结对培养；不仅要培养学员学会做事，还要培养学员学会做人。实习期间，学员应经常参加一些重要的实践活动和文化建设，初步树立安全、质量、责任和市场竞争意识，亲身感受铁路文化建设、精神建设和标准化建设，使学员迅速全面了解工作环境和工作性质，为今后尽快适应工作打下良好的基础。

五、结束语

“2+1”培训新模式是以工学结合、校企合作作为主导的人才培养模式，是当前职业教育改革发展的主流，它改变了以往以学科型课程为主导，以课堂教学为主要教学手段的培训模式。“2+1”培训更多的应该是理论和实践相结合的综合培训，其间既需要学员个人的付出，更需要职培基地和站段的通力合作，只有大家共同努力、统一目标、齐抓共管，才能为铁路培养出更多合格的人才。

（作者单位：中国铁路上海局集团有限公司
蚌埠职工培训基地）

（上接第9页）

职工培训的需求和要求，找准定位，主动跟进，精心谋划，周密组织，帮忙而不添乱，助力并且给力，发挥职工培训的基础性和保障性作用。

2. 要创新形式

充分依托职教管理信息系统和“西铁掌中学”手机 App 平台，推送“十四运”培训短视频、动画等多媒体资源，创建网络培训班，组织闯关答题和考试，提升培训趣味性，方便职工时时学、处处学，激发职工业务学习的内动力，增强和扩大培训效果。

3. 要以练促干

要以“十四运”服务保障为出发点和落脚点，加快实训基地建设，配齐实训设施设备，把课堂搬到现场，把现场搬到课堂，组织职工练中学、学中练，以学促练，以练促干，提升业务技能，在“十四运”服务保障中树形象、展作为。

4. 要形成合力

“十四运”服务保障培训涉及项目多、内容多、工种多、人数多，需要部门单位各司其职、紧密配合、有机统一，形成横向到边、纵向到底的培训格局，凝聚起齐抓共干的强大合力。

（作者单位：中国铁路西安局集团有限公司
职工培训部）

关于站段高质量开展规章制度培训的实践与思考

◎ 王 鹏 飞

中国铁路北京局集团有限公司保定工务段从2020年“敬畏规章、执行标准、夯实基础”专项教育活动开始，按照边实施、边总结、边完善的思路进行探索实践，以“提升规章制度培训质量，促进职工标准化作业”为核心，综合采取强化规章梳理和培训组织、灵活选用培训形式方式、严格卡控结业检验、坚持脱产培训与日常学习并重、加强激励考核等措施，打好组合拳，最大限度提升了规章制度培训的质量和效果。

一、开展规章制度培训的基本做法

规章制度培训开展之初，保定工务段严格按照北京局集团公司职培部和工务部各项要求，从4个方面加强组织谋划，确保培训有序推进。一是加强组织领导。成立专项教育活动工作领导小组，段长、党委书记任组长，总体部署教育活动工作；段总工程师任副组长，牵头组织推动规章制度培训的实施。二是制订培训方案。按照集团公司职培部和工务部要求，制订三年轮训实施方案，将铁路线路工（普速）、铁路线路工（高速）、铁路桥隧工（普速）、铁路桥隧工（高速）、轨道车司机、钢轨探伤工、钢轨焊接工和道口工6个工种的8个岗位纳入轮训范围。三是明确进度计划。按照集团公司要求，规章制度培训2020年完成不少于20%、2021年累计完成不少于70%、2022年累计全部完成。四是建立轮训台账。逐人建立轮训台账并实时更新，确保每名职工参加规章制度培训的情况均可追溯，做到应培尽培，无遗漏。

二、为确保培训质量所采取的主要措施

1. 紧贴现场，培训内容精准化

按照“用什么，培什么”的原则，由段总工程师组织线路、桥梁、安全、指挥中心、施工和环治6个专业科室，结合现场生产实际对在用规章制度进行全面梳理，筛选确定重点和常用规章条款。根据专业负责制，6个专业科室对梳理出的重点和常用规章条款结合典型事故案例，分专业分岗位制作专题解读课件，以典型事故案例教育为切入点，讲清规章的原理和出台背景。为保证培训质量，由职工教育科牵头，线路技术科等6个专业科室各出2名专业技术人员组建规章制度专项培训师资库，每期培训班专业科室采取“上一备一”的方式进行备课，避免授课人员工作任务紧张而“爽约”。

2. 分层实施，培训组织差异化

针对不同岗位职工作业特点和季节性差异，综合考虑段全年施工轮廓计划，不同工种岗位分层次组班，差异化开展。一是培训时间差异化，提高培训的实用性。对工班长、防护员等重点和关键群体打好时间差，年初和春季前期进行“抢培”，让其赶在集中修施工前完成充电，为即将开始的重点施工生产任务做好技能储备；对钢轨探伤工充分利用好汛期“窗口”，力争在秋季之前完成培训，有力避开防断关键期等繁忙时段。二是培训地点差异化，降低培训成本。对普速线路工等多车间大工种岗位，在段职工培训基地分期分批进行集中脱产培训；对钢轨探伤工、轨道车司机和钢轨焊接工等单一车间工种岗位，采取段送培上门的形式；对高铁线路工、普速桥梁工等较少的车间工种岗位，根据实际情况采取段集中培训与送培上门相结合的方式进行。三是组织形式差异化。将工班长规章制度培训纳入在职班组长轮训，将铁路线路工和铁路桥隧工纳入年度主要行车工种脱产培训，将道口工纳入年度岗位适应性培训，将轨道车司机、钢轨探伤工

和钢轨焊接工与工务部岗位轮训相结合，最大限度提升培训效率，节约培训资源和成本。

3. 注重实效，培训考核多样化

加强教学课程设计和考核检验卡控，根据课程性质特点灵活采取多种培训考核方式，让职工对规章制度理解得更透，掌握得更准。

（1）教学培训。采取“1+X”培训方式，即每期培训班首先统一进行课堂理论讲授，让职工对相关基础理论知识进行初步了解，然后根据具体课程性质特点和培训对象的不同，综合采取实作训练、情景模拟、案例分析或知识竞赛等形式中的一种或几种，让职工在实践中验证理论，加深对规章的理解掌握，引导职工运用理论指导实践，提高培训的实效性。如防护员安全规章中，“手比、眼看、口呼”制度采取逐人模拟体验与观摩挑错分析相结合的方式，上线联控制度采取逐人模拟演练与典型事故案例警示分析相结合的方式；《普速铁路线路修理规则》和《铁路技术管理规程》等技术规章采取实训场分组实操演练、事故案例分析等方式。

现场防护员进行“手比、眼看、口呼”模拟

（2）结业检验。采取“2+X”考核方式，即每期培训班结业均进行理论和实作2项考试，然后根据培训对象的不同和学员数量的多少，视情况组织举办规章制度知识竞赛。实作考核实行逐人过关式打分考核。规章制度知识竞赛采取现场提问口答的方式，选手由6名理论实作综合成绩优秀人员和2名考试发挥欠佳人员组成，2名考试发挥欠佳人员由理论实作综合成绩后5名的人员随机抽签选定。参赛人员平均分成2组，每组包含成绩优秀人员3人，发挥欠佳人员1人。未参加竞赛的其他学员进行观摩，期间选手答题错误，观摩学员可以补充作答。灵活丰富的结业考核检验方式有力确保了培训质量和效果。

线路劳务工培训班分组实操

4. 聚沙成塔，规章学习常态化

重视规章学习的日常积累，建立职工规章常态化学习考试制度。一方面搭建平台，与职工日常学习相结合，将规章制度内容纳入职工技术业务学习计划，每月初发布，工区工长由车间负责人组织，结合周碰头会每次学习不少于10分钟。工区职工由工长组织，结合日常技术业务学习，每周学习不少于2学时。另一方面做好闭环，强化学习效果检验。每周三在《保工手机报》副栏发布规章制度手机考试答题，全段干部职工均可参加，其中工长和入职5年以内的全日制大学本科及以上毕业生必须参加。成绩优异符合奖励条件的按照考核激励办法进行奖励。

5. 严格考核，正负激励促学习

（1）脱产培训。每期规章制度脱产培训结业考试，理论考试和实作考核2项必须全部合格，综合成绩前四名学员被评为优秀学员并颁发证书，并由段工会进行纪念品奖励，不合格者需参加补考，合格后方可结业。

当举办规章制度知识竞赛时，个人总分最高者为最佳学员。组内选手得分之和高的组为获胜组，获胜组每名选手和最佳学员都会得到奖励，但不重复奖励，其余选手不奖励。

（2）日常学习。个人以月内各周规章制度手机报答题平均成绩为依据进行排名。前15名奖励每人200元，16~30名每人奖励100元。当月平均成绩不及格的每人扣罚200元。未参加答题的必考人员成绩按0分记。年度内个人规章制度手机报答题考试综合成绩排名前10名的职工，奖励第1名2 000元，第10名1 100元，1~10名间每个名次以递减100元的额度进行奖励。

车间科室以季度内职工规章制度手机报答题平均成绩为本部门季度标准化验收考试成绩，纳入考核评比。

2020年5月至2021年4月，保定工务段共奖励优秀学员40名，工会投入纪念品资金0.4万余元，共进行规章制度奖励172人次2.38万元，扣罚34人次0.73万元。通过考赛结合、真考真赛、真奖真罚，促进职工真学，极大地激发了广大职工学习规章、落实规章的积极性和主动性。

三、制约站段进一步提升培训质量的因素

通过前期探索实践可以发现，站段开展规章制度培训，虽然通过强化教学设计、丰富培训方式方法、加强过程管控和激励考核促学等措施，可以有效提升教学培训质量，但由于自身条件的局限性，站段在培训内容的精准性、全面性和培训资源的丰富性等方面还有较大提升空间，主要体现在三个“不”。

1. 重点规章条款的确定标准不统一

各专业系统涉及的技术规章数量较多，限于规章制度培训只有8学时，需要结合不同岗位要求对常用技术规章进行梳理，然后对其中的重点条款进行筛选作为培训内容。以工务系统为例，截至2020年5月，共涉及国铁集团工务技术规章62项，集团公司工务技术规章40项，经段线路技术科和安全科等专业科室梳理，最终确定普速铁路线路工等8个岗位常用技术规章63项。然而受专业工程师个人技术业务水平、岗位专业管理认知高度等因素的影响，最终梳理确定的常用技术规章及其重点条款难免与岗位实际需要和上级要求存在偏差，有可能造成同一个专业系统不同站段之间的同一工种岗位所学的技术规章内容不尽相同，甚至可能出现个别站段部分重点技术规章或条款被遗漏的局面。

2. 培训教材不成体系

虽然站段根据梳理筛选出了重点技术规章条款，结合典型事故案例制作了各专业解读教材，但单一站段的组织能力有限，专业科室工程师对各岗位关注的重点不同，制作的技术规章培训教材不成体系，不能覆盖所有应培重点规章，不能完全达到规章制度专项教育活动的目的。

3. 培训资源不够丰富

一方面站段规章培训教材质量不高。受个人课件制作水平的限制，个别培训教材制作质量较低，仅有规章条款文字罗列，内容枯燥，学员提不起兴趣，培训效果大打折扣。另一方面站段师资水平参差不齐。站段规章制度培训的授课基本上由专业科室各岗位的专业工程师和职教科人员担任，由于部分专业工程师缺乏必要的授课技巧和课程设计，授课内容索然无味，甚至个别“现场型”专业工程师语言表达能力欠佳，能干不能讲，不能胜任授课任务，直接影响培训质量和效果。

四、思考与建议

1. 加强顶层设计

一是统一发布必培规章清单。由集团公司各专业部统一发布各工种岗位必培技术规章目录清单，各站段在此基础之上结合自身实际确定各工种岗位最终技术规章清单，并组织相应专业科室筛选划定重点条款。二是分工制作培训教材。打破站段壁垒，集中优势师资进行规章制度培训教材开发。集团公司专业部根据发布的各工种岗位必培目录清单分配给各段，各段根据分工组织优秀师资开发制作培训课件或解读教材，形成规章制度培训资源库，由专业部统一发布，确保培训教材体系化。三是加强优秀教材评选奖励。集团公司年度职教成果评选活动中适当给予政策倾斜，“优秀教材”类别的评选扩大规章培训教材优秀成果数量占比，提高站段规章培训教材开发的积极性，开创百花齐放、百家争鸣的良好局面。

2. 搭建交流合作平台

一是加强规章培训教材分享交流。在集团公司职工培训网络管理平台分专业系统开设规章制度培训教材分享专区，各站段和技术服务中心均可上传下载，共享互通。二是加强站段与技术服务中心的横向交流。充分利用技术服务中心师资下现场实践锻炼的机会，一方面鼓励技术服务中心师资参与站段规章培训授课，分享授课经验和课件制作技巧，提升站段师资教学能力；另一方面技术服务中心师资深入一线实践锻炼，学习技术规章在现场作业实践中如何落实应用，为课堂理论教学找到重点和支撑，进一步提高规章制度理论教学的精准性，提升站段规章制度培训。

（作者单位：中国铁路北京局集团有限公司
保定工务段）

统筹推进 精准施策 优质高效做好适应性培训工作

◎ 陈卫强

近年来，中国铁路郑州局集团有限公司提出全面对标全路第一方阵的战略目标，新乡机务段积极响应，在职工培训方面推进有力、成绩斐然。重点培训项目如“2+1”定向培养、应知应会培训鉴定、晋升机车司机考试、主要行车工种岗位轮训以及实训基地建设等，都取得了不错的成绩。但是，作为基层站段培训体系重要组成部分的适应性培训，却还存在着针对性不强、培训效果不佳等突出问题。本文从适应性培训现状调查入手，对适应性培训存在的主要问题进行分析，并从提升培训效果方面进行讨论，以期能够有效解决基层站段适应性培训问题。

适应性培训是铁路职工教育培训体系的重要组成部分，它是指根据季节变换、设备更新等生产条件发生的变化或上级部署重点工作而进行的培训项目，如春运暑运、防洪防寒、劳动安全、季度调图及新技术培训等都属于适应性培训的范畴。做好适应性培训工作，能够有效提升职工素质、适应现场需要、保证安全生产。但近年来，随着铁路装备水平的持续提升，新技术、新设备、新规章以及新线路的大量开通，基层站段日常适应性培训的压力也在不断增大。

一、适应性培训现状调查

1. 基本段情概述

新乡机务段隶属于中国铁路郑州局集团有限公司，目前共配属机车714台，主要担负瓦日、新侯、太焦等线路西煤东运的列车牵引任务，总交路里程达3 000余km。

全段辖有新乡、新乡南、月山、长治北、安阳、长子南6个生产区，设有行政科室14个，生产车间19个（含异地车间9个），辅助生产机构2个，集体企业办公室1个。现有职工总数6 201人，设置生产班组335个。

2. 培训情况统计

根据上级部署、季节性特点和段运输生产需求，在2021年1月至6月，机务段共组织开展各类适应性培训考试49 475人次（不含主要工种脱产轮训班）。其中，包括2021年的春运重点人员培训316人，防洪培训6 073人，机车乘务员防洪补强培训3 671人，一季度调图培训4 279人，二季度调图培训4 265人，三季度调图培训4 014人，劳动安全专项培训5 968人，2021年上半年调车作业安全培训3 917人，非正常行车培训3 856人，防暑降温知识培训5 973人，机车回送乘务人员专项培训134人，反恐知识培训考试6 122人。

3. 培训基本流程

一般情况下，适应性培训都具有时间紧、体量大、任务重的特点，因此造成的工学矛盾十分突出。所以，多数适应性培训项目采取由段职工教育科牵头组织，以车间为主体，结合各部门实际开展培训。适应性培训的基本流程可以概括为：职工教育科指定培训项目负责人→研究上级关于指导培训的文件→和相关部门进行横向沟通→制作培训安排→各车间分头实施培训考试→判卷登证→上报总结→效果检验。

二、适应性培训存在的问题分析

在适应性培训调查摸底中，职教科通过组织座谈、现场查验、随机抽考等多种形式进行培训效果检查和问题搜集。发现部分适应性培训项目在规划组织上还不够缜密，在“真培、真学、真考”的过程控制上还有差距，在“实际、实效、实用”的培训效果上还不精准。通过对适应性培训现状进行分析，存在的问题主要有以下几点。

1. 培训计划不够精细

多数适应性培训，尤其是年度重点适应性培训，都要列入段年度计划之中。但每年在制订年度培训计划时，因为职教专职成员之间缺乏有效沟通，实施项目的日期缺乏必要的研讨论证，导致一些适应性培训项目存在“扎堆”现象。多个培训项目的交叉重合，会直接增大车间的培训难度。譬如，在 2021 年 4 月，就出现过二季度调图、劳动安全和防洪培训三个培训项目时间重合的问题，给车间培训造成一定的困难，也直接影响了培训质量，削弱了培训效果。

2. 组织协调有所缺失

在部分适应性培训项目上，有时需要与其他兄弟科室或上级部门及时进行沟通，否则对培训工作也会产生影响。譬如，在 2021 年二季度调图培训考试过后，安全部门重新整理下发了“二季度调图培训安全风险项点的卡控措施”，因为调图培训中没有新下发的卡控措施，所以又重新开展了调图补强培训。此类问题在其他培训项目中也时有发生，甚至有时出现“培训→补强培训→再补强培训”的情况。如果在一个培训项目上接二连三重复去做补强培训，将会使本就紧张的教育资源更加紧张，本就突出的工学矛盾更加突出。所以，在保证培训效果的前提下，应该尽量避免此类情况的发生。

3. 精准培训存在偏差

“精准培训”通俗来讲就是“用什么、学什么；干什么、考什么；缺什么，补什么”。安排适应性培训时，如果不加论证甄别，只是为了不少培、不漏培，简单采取“一锅煮”“一刀切”的做法，动不动就搞全员培训，那么势必会让培训对象和培训内容缺乏针对性。在开展某些培训项目时，发现培训内容和一些部门根本没有关系，这些部门的职工参加学习的积极性明显低于相关部门的职工。职工学习缺少了积极性，培训效果便无法保证。所以，开展适应性培训，要考虑到针对性、时效性和专业性的问题，在培训部门和内容的确定上不能不认真对待。

4. 培训方式创新不足

当前，对于适应性培训项目不断增多、培训标准不断提升的情况，个别管理人员还习惯于因循守旧，总想用“老思想”“老方法”来对待新形势，无法适应新形势发展的需要。面对适应性培训工作中出现的新情况、新问题，各级职教管理人员都要敢于创新、善于创新，否则将会使培训工作陷于被动，甚至导致“为培而培”的后果。以考试为例，目前多数适应性培训还是采取纸质闭卷考试，从组织考试、判卷登分到资料整理，对车间来讲，工作量较大，在一定程度上会降低培训效率。这也是上级检查适应性培训工作时，总是发现判卷质量不高、登分环节出错等问题的重要原因。

5. 师资统筹缺乏合力

对于适应性培训工作，尤其是全员适应性培训，段里考虑到工学矛盾，有时只能安排车间作为培训主体。而车间仅靠 1 至 2 名职教专职员工又很难完成任务，就会把培训任务下放到各机车队或工区里去，然后再分批到各个班组。而培训任务层层下放到班组很难保证培训效果，一是因为基层班组的师资培训能力参差不齐；二是多个班组同时培训，会使得车间本就有限的培训设施设备更加紧张；三是基层班组往往忙于生产任务和安全压力，挤出时间去搞培训犹如负重爬坡，疲于应对，最终使培训效果不断衰减。

机车司机年度职业技能竞赛

三、对提升适应性培训效果的建议

针对本次适应性培训情况调查的主要问题和难点，在进行全面梳理、系统总结之后，结合机务段的现场实际，并借鉴其他兄弟单位的先进经验，以提升职工适应性培训效果为统领，分别从思想认识、统筹推进、精准施策、创新发展和强化师资五个方面提

出以下对策。

1. 思想认识要到位

“凡事预则立，不预则废”，思想是行动的先导，工作要做好，首先在思想上要重视，提升大家对适应性培训的思想认识。一是加强宣讲，利用职教会议等各种场合，要求管理人员认清适应性培训的重要性，转变观念。二是正式发文，凡是适应性培训项目，要求一律在段网主页上发通知，在通知中要写明培训依据，讲清培训背景，明确培训要求。三是课堂融入，在开展适应性培训过程中，可以把“培训是最好的福利”“安全第一、教育先行”以及“打造命运共同体，奋力作出新贡献”等思想融入课堂教学，实现职工从“要我学”到“我要学”的思想转变。

2. 统筹推进勤沟通

从段职教层面来讲，要解放思想，不能把职工教育工作囿于职教这个“小圈子”内，而是要树立“大教育”理念，加强与相关职能部门的联系沟通。以每季度的列车运行图调整培训为例，在确定培训方案之前，要和运用科充分沟通，确定机车交路、人员、机型变化情况。之后，再和安全科沟通调图安全风险项点及卡控措施，和技术科联系新机型的专业知识，只有这样，培训方案才能做到更加完善。另外，制作培训年度计划时，要提前组织职教专职人员认真研讨、严密论证，必要时可以请示上级主管部门，防止适应性培训项目扎堆开展。制定出合理的培训方案，才能真正有利于基层开展培训工作，职工也更乐于接受。

新机型转产之机车无动力回送操作

3. 精准施策重实效

在具体安排适应性培训时，要结合上级要求和现场需求，精准施策，力求实效。建议做好以下几点：一是准确划定培训范围，这是实施精准培训的第一个关键，特别是机务段的部门多、工种多、人员多，更是不能搞“大而全”，但前提是必须做到不漏培、不少培。二是合理确定培训方式，要根据培训人数、培训内容和现场实际确定是否脱产，譬如新乡机务段每年担当春运列车牵引任务的机车乘务员培训，课时多、人数少，就可以采取脱产方式培训；而季度调图培训的课时少、人数多，就采取非脱产培训的方式进行。三是灵活编制培训内容，避免培训全段“一本教案”“一张卷”的情况，运用、检修、整备包括安全生产指挥中心等部门都是各有侧重，在培训和考试时要分类分层、区别对待。

4. 与时俱进求创新

面对适应性培训问题，如何与时俱进求创新，是提升培训质量的关键所在。以机车运用部门为例，因为机车乘务员作业流动性强、休息时间短，开展适应性培训难度较大，可以考虑从以下几个方面来进行探索实践。一是实施分层分级，先培训骨干，再以点带面。即先由段里集中举办骨干脱产培训班，之后再把业务骨干分散到各自车间开展培训教学。二是拓展培训方式，采取线上和线下相结合、集中和自学相结合的多维度培训方式。在2020年疫情防控期间，机务段为每个培训项目录制了教学视频、微课件，让职工通过网络和手机终端进行自学，车间和车队也利用钉钉课堂、学习强国等软件组织开展培训，均取得较好效果。三是转变考试模式，努力实现适应性培训项目的机考任务。为此，段里专门订购了95台计算机来补强车间网络教室建设，同时组织人员确定机考项目、编制题库，全力保证适应性培训项目机考工作顺利开展。

瓦日线调图培训之“五色图”讲解

（下转第39页）

关于铁路工务站段在新媒体时代如何做好思想政治工作的思考

◎ 文健生

习近平总书记在全国高校思想政治工作会议上强调:“要运用新媒体新技术使工作活起来,推动思想政治工作传统优势同信息技术高度融合,增强时代感和吸引力。”随着信息技术和网络技术的迅猛发展以及人们对于信息的需求,新媒体应时而生并被广泛应用。运用掌握好新媒体技术,是新形势下宣传党的路线方针政策、传播党的思想理论的迫切要求,也是增强铁路思想政治工作实效性的必然要求。对此,南昌局集团公司萍乡工务段进行了有益探索,并取得了明显效果。

一、关于新媒体的概念与认知

目前较为普遍的说法是:新媒体是新的技术支撑体系下出现的媒体形态,如数字杂志、数字报纸、数字广播、手机短信、移动电视、网络博客等。相对于报刊、广播、出版、影视四大传统意义上的媒体,新媒体被形象称为“第五媒体”。新媒体是一个宽泛的概念,利用数字技术、网络技术,通过互联网、宽带局域网、无线通信网、卫星等渠道,以及电脑、手机、数字电视机等终端,向用户提供信息和娱乐服务的传播形态。新媒体涵盖了所有数字化的媒体形式,包括所有数字化的传统媒体、网络媒体、移动多媒体、数字电视、数字报刊等。

而铁路新媒体平台是指各集团公司、站段单位开设、认证并作为官方运维的新媒体平台,主要包括依托互联网开设的微博客账号、微信公众号(订阅号、服务号)、微信企业号、手机报、移动客户端,以及在新闻类、视频类移动客户端平台上开办及入驻的账号。所有铁路新媒体平台均纳入监管,并明确平台数量、主办单位、平台定位、平台管理和运维责任。

二、新媒体平台服务思想政治工作的功能

“新媒体”平台的广泛运用,促进“第五媒体”迅速发展,尤其以手机为终端平台所进行的个性化即时信息传播平台应用更为广泛。在这种形势背景下,新媒体服务铁路思想政治工作的功能作用凸显。

1. 理论知识传播效果更加方便快捷

新媒体的即时性改善了铁路政治理论知识的传播方式。传统的政治理论学习教育主要采用会议教学、专题培训、报告会、座谈会、观看教育电影、参观访问等形式。

萍乡工务段组织党员观看教育电影

由于受到了点多、线长等其他条件的限制,这些学习方式具有明显的局限性。与此相比,通过“互联网+”新媒体平台开展党员理论微课堂学习教育活动,逐渐成为广大党员随时、随地、随身的学习方式,实现政治理论知识教育工作更方便、更快捷。

2. 理论学习渠道更加广泛新颖

新媒体环境为开展铁路党员理论知识教育工作带来了更加多样的学习渠道和空前广阔的实践平台。依

托现代通信技术和数字技术，新媒体形成了一个多元体系，包含丰富的信息资源、多样的传播形式以及广泛的覆盖面，具备以往任何一种传播工具或方式所没有的独特优势。新媒体传播党员理论知识的形态、软件、硬件、服务方式种类繁多，如铁路站段开设的微博、微信公众号、手机报以及干部职工相互之间的QQ、电子邮箱、手机短信等，各种图文并茂的表现形式丰富多彩，从而使枯燥、生硬的内容变得活泼、生动。

百年风雨 百年辉煌｜萍乡工务段干部职工收看庆祝中国共产党成立100周年大会

萍乡工务段 7月1日

萍乡工务段微信公众号推送建党100周年新闻

3. 学习交流互动方式更加贴近自然

传统的党员理论知识教育方式以单向传播为主，而新媒体环境下的党员理论知识传播方式呈多样化、多元化，从而也促成了新媒体平台的交互性，有利于党员理论知识教育工作的教育者与学习者之间进行良性的沟通交流。

这种具备强大互动性的学习方式更加平易近人，消除了传统党员教育方式“我讲你听、我说你做”强行灌输理论知识的弊端，从而使教育者不再是个人全程单一地讲，学习者不会全程单一的听，而是学教双方或是多方自主教学、自主接受，大大提高了学思渐悟的感知与认可程度。

萍乡工务段樟树片区党支部培训班

三、新媒体平台运维现状

新媒体的迅猛发展，使信息传播格局发生了巨大变化。以萍乡工务段为例，从新媒体平台运维来看，截至目前，段管内现有微信群 90 个、学习强国平台群 6 个；功能定位用于学习交流群有 59 个，用于发布资讯的群有 37 个；其中 10~50 人的群有 70 个，50~100 人的群有 14 个，100~300 人的群有 12 个。仅今年二季度以来，“萍乡工务段”微信公众号外宣新媒体平台发布信息 73 条，累计阅读量 1.8 万人次；从设备管辖来看，自 2013 年挂牌成立以来，全段管辖沪昆、分文、张建等线路总长为 1 097.892 km，辖 10 个车间、78 个工区班组，主要长期担负线桥、道岔设备养修工作。从队伍结构来讲，全段一线作业人员中，现有运输从业人员 1 282 人，50 岁及以上 307 人，占比 24%；28 以上至 50 岁以下 615 人，占比 48%；28 岁及以下青工 356 人，占比 28%；全段党员 378 人，18 名党支部书记中，50 岁以上的 9 人，占比 50%。

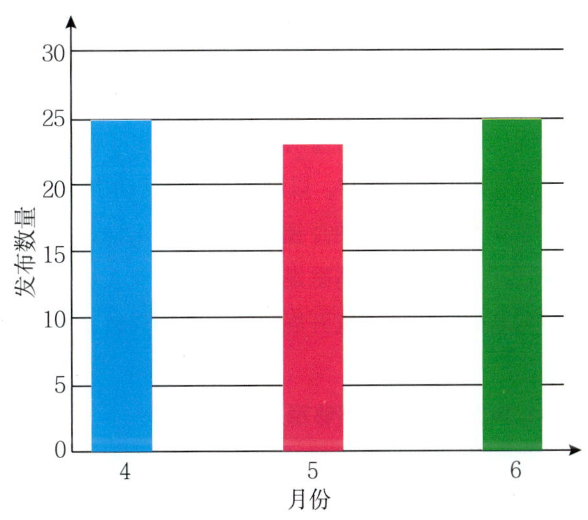

萍乡工务段2021年二季度微信公众号发布统计

综上所述，段管区设备点多、线长，安全生产任务繁忙且安全风险压力大，智能手机已成为段干部职工主要信息获取渠道，典型的“第五媒体”阵容强大。根据其信息海量、快速、交互、生动等特点，一方面可以拓宽干部职工的视野，增强思想政治工作便捷性、互动性；另一方面受新媒体传播多元化的影响，在宣教形式、运用手段、舆情风险等方面凸显短板、不足。

四、新媒体条件下影响思想政治工作推进的问题

1. 理论宣教形式不够活泼

新媒体条件下，受教对象大众化，传播形式分众化，授课内容碎片化。对于党和政府的方针政策、人民群众关切的问题，不能停留在信息的简单呈现上，而是要在制订宣教策略时充分考虑受教对象的理解能力和关切程度，做好对党和铁路企业大政方针、具体政策的充分解读。往往在落实“三会一课”过程中，部分党支部书记习惯传统的教育方式，满足“我说大家听”或“我讲大家记”之类的单向宣讲，加上对新媒体传播方式不了解、不适应，导致学习资源不够形象直观，学习内容趣味性不强，不能最大限度激发党员的学习积极性，造成宣讲教育形式较为呆板、生硬，部分受教者麻木、厌倦，甚至心理排斥，影响教学效果质量。

2. 媒体掌握运用不够全面

传统的宣传教育阵地不外乎是广播、电视、报纸、展板、横幅等，相比新媒体条件下，社会对互联网需求呈多样性，部分党支部书记、党小组长由于对QQ、微信、微博、视频、漫画、微电影、快闪等新媒体手段掌握运用不全面，自身对媒体资源信息了解掌握不多，吸收渠道较为狭窄，以致日常组织活动中，采集、编发活动信息不畅、图片视频拍摄效果不佳。遇到重大宣教任务活动，邀请融媒体工作室专业人员现场帮忙，不能因时因地制宜开展活动，影响宣教工作的有效性。

3. 舆情盯控处置不够稳妥

传统的思想疏导依托“一人一事”工作机制，相比新媒体条件下，由于网民认识差异大，思想活跃，或是表达诉求情绪化等原因，难免会遇到涉路涉段的舆论舆情或信访事件，加上对舆情盯控不到位，引导处置流程不熟悉、事件真实情况了解不全面、口径材料准备不充分，极易造成舆情处理被动甚至发酵升级。

五、破解影响思想政治工作推进难题的对策

1. 做好宣教创新

一是宣教形式创新。坚决摒弃过去硬性灌输方式，党支部书记既要自己带头学深学透，又要围绕职工关心的热点问题，通过组织召开座谈会、讨论会，帮助职工群众把道理讲清、讲透，让职工在讨论、辩论中辨别是非；既要善于在线下课堂讲、会上讲，又要善于在线下共享、点评、分析，通过充分利用网站、手机微信、手机报等载体形式，建立微信、QQ等助学群，把集中学习的图片、小视频、关键词、应知应会等内容分享到理论学习群里，达到学习资源共用，学习成果共享的效果。

二是宣教手段创新。既支持和鼓励深入车间班组，认真做好对当前思想政治宣教工作面临的新情况、新问题的调查研究，积极探索思想政治宣传教育的新方法，又提倡利用开设、制作微课堂、微视频、微电影等新媒体手段，通过各类社交网络如QQ、微信等搭建线上虚拟平台，开展争先评优、信息共享等活动，进一步带动组织党员热情参与，推动宣教工作上水平。

三是宣教内容创新。新媒体环境下，要求党员树立主动学习、全面学习、随时学习的学习理念。面对丰富的信息资源，要不断提升信息判断、信息选择的能力以及运用新媒体多种交流方式的能力。在开展传统座谈、宣讲的基础上，通过开展主题党日活动、爱

萍乡工务段组织开展党日活动

国主义教育，举办摄影、书法、绘画、新媒体作品征集等系列活动，使职工在活动中受感染、受教育，不断培养干部职工的归属感、幸福感。2020 年 5 月，萍乡工务段“节支降耗作贡献、改革创新立新功”主题宣讲首推两场“1+1”访谈活动效果非同凡响。2020 年 12 月下旬，该段推出的“理论微课”——《集中力量办大事的独特优势》入选全路百堂网络正能量理论微课。

2. 抓好媒体平台融合

面对新技术带来的舆论传播格局的深刻变化，必须加快推动媒体融合发展。铁路中心工作就是新媒体工作阵地。

一是与安全标准化创建融合。通过运用新媒体手段，制作安全警示宣传片，拍摄操作规范、作业标准等方面的视频、图解，录制标准化创建历程访谈等。

二是与典型示范融合。结合“走看”系列活动的开展，通过组织对优秀共产党员、先进工作者、平凡之星、最美青工等劳模先进进行挖掘、采写，并将他们的事迹整理成新闻报道，拍摄成微视频、微电影，让更多的先进典型、“平凡英雄”走上舞台，不断营造积极奋进的浓厚氛围。

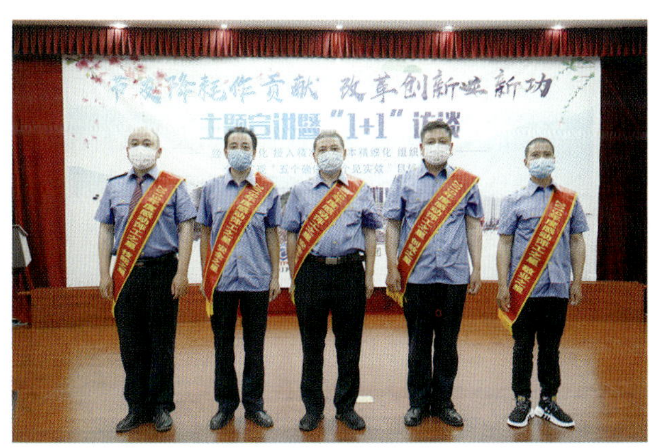

萍乡工务段“感动萍工之星”表彰会议

三是与企业文化建设融合。通过运用新媒体手段，进行效果设计、制作漫画、开设网上展馆等形式，做好企业文化建设策划、展示与传播，不断丰富职工的文化生活，大力营造线上线下企业文化建设的浓厚氛围。2019 年，管内樟树线路车间入选南昌局集团公司公司示范车间，萍乡路桥车间芦溪路桥工区荣获全国安全生产示范岗。

樟树线路车间文化建设现场观摩

3. 把好舆情防控阵地

一是责任措施到位。切实加强领导，落实责任，完善机制，把握导向，确保舆论宣传准确有力、生动有料、出新出彩，达到最佳宣传效果。

二是盯控回复到位。紧盯网上一些苗头性、倾向性、普遍性的问题，通过在线下采取座谈讨论、解释说明等“点对点”“面对面”的方式进行有针对性的教育引导，并对网上反映的实际问题积极给予答复解决，依靠解决实际问题来化解思想认识和心理上的疑惑。

三是加强日常管理。成立以融媒体工作室骨干为核心的运维团队，强化专业培训，通过充分利用新媒体技术，加强对网络舆情的监督和引导，有效规避舆情扩大化，引导文明、健康上网，合理、规范使用新媒体，大力净化网络环境。近年来，段融媒体工作室骨干完成撰写网评文章 126 篇，组织开展网络培训班 6 期 260 人次，有序有效处理各类舆情 13 起，排查舆情隐患问题 8 个。

总之，按照铁路高质量发展要求，探索新媒体时代条件下加强和改进思想政治工作意义重大。以全面创建标准化规范化为契机，必须以积极主动、开放包容的态度面对新媒体，只有趋利避害，化弊为利，充分利用新媒体开展思想政治工作，才能不断提高思想政治工作的主动性、针对性和实效性。

（作者单位：中国铁路南昌局集团有限公司萍乡工务段）

充分发挥车间实训基地作用 提高职工实作技能

◎ 胡 领 强

《中长期铁路网规划》(2016 年版) 中提到，到 2020 年，铁路网规模达 15 万 km，其中高铁 3 万 km；到 2025 年，铁路网规模达 17.5 万 km 左右，其中高速铁路 3.8 万 km 左右，网络覆盖进一步扩大，路网结构更加优化，骨干作用更加显著，更好地发挥铁路对经济社会发展的保障作用。在铁路高速发展的同时，职工的整体业务素质也要同步提升。近几年，中国铁路北京局集团有限公司为提高职工的技术业务水平，加大对站段技能培训基地建设投入，本着实际、实用、实效原则，逐步建成与现场岗位技能相匹配、功能完善的实物化、实景式技能培训基地。石家庄电务段借集团公司建设实训基地的“春风”，陆续建成了 18 个车间实训基地，覆盖率达 82%，极大地改善了现场车间的培训环境，完善了职工培训体系，基本满足了现场干部职工的常态化技术业务培训。

一、建设实训基地意义重大

1. 青年职工的理论知识薄弱

电务段 35 岁以下的青年职工（以下简称青工）779 人，占主要行车工种的 46%，其中近 5 年分配的新职人员 246 人，占青工的 31.5%。青工们虽然上岗前接受了培训，但是掌握电务设备操作技能有限，在岗位作业中还不能熟练运用。例如有的青工在岗位中对电务的室内联锁设备、道岔转辙转换设备不清楚等；个别青工在岗前培训中不知道欧姆定律的具体运用，不能适应岗位工作的需要。因此现场职工迫切需要一个能实作演练的地方“练练手”。

2. 日常工学矛盾突出

设备单位尤其是电务系统，点多线长，设备和人员相对分散。工学结合过程中，职工的学习地点也很难统一到一起，集中培训很难实现。为车间搭建实训基地后，车间可以根据生产情况，就近组织职工学技练功，在本车间形成一个小循环，随时随地实作培训，很好地破解“工”与“学”的矛盾。

3. 使用中的现场设备不能动

《铁路电务安全规则》明确规定，对设备性能、状态不清楚不动，正在使用中的设备不动。现场设备除在施工作业或维修天窗内才能进行作业和维护外，没有其他实作培训、演练的时间；设备发生故障后为减少延时，需要尽快处置恢复，也没有实作培训、演练的时间；在事后分析故障原因时，可以利用实训设备复原故障经过，起到辅助分析故障原因的作用。

二、建全实训基地设备，完善配套设施

自 2014 年以来，石家庄电务段借助集团公司建设实训演练场的“春风”，通过集团公司大力支持和段自筹资金，陆续建成了 18 个演练场，覆盖率达 82%，实训设备类型涵盖了电务岗位的现场信号、高铁信号、驼峰设备、车载设备四种。

1. 建全培训设备，做到主要工种全覆盖

本着贴近现场、必要实用的原则，实训基地的演练设备主要包含现场信号岗位的 ZYJ7、ZY4、ZD6 三种型号的道岔转辙转换设备、ZPW-2000 无绝缘轨道电路、25 Hz 轨道电路设备等；驼峰岗位的 ZK4 道岔、2.3 轨道电路等；高铁岗位的 ZYJ7 道岔转辙转换设备、ZPW-2000 区间设备、列控联锁一体化演练台等；车载岗位的车载设备练功台等。涵盖了电务现场信号的所有设备，能够满足现场实作培训需要。

2. 拓展培训功能，做到培训过程智能化

信号维修人员在实训基地模拟演练现场故障时需

要对设备电线路进行换线、铰断、拆配线、更换配件等操作，存在效率低、耗时长、成本高、设备损坏率高的问题。为延长设备使用寿命，石家庄电务段为实训设备安装信号设备故障设置系统，该系统利用单片机、计算机软件技术将信号设备的 ZD6、ZY4、ZYJ7 型转辙机，25 Hz 轨道电路，ZPW-2000A 型无绝缘自动闭塞等设备的数据信息进行集成化处理，实现智能设置故障的功能。职工在模拟演练设置故障时不用改动配线，在计算机界面直接设置故障，演练完毕故障自动恢复，具有快速设置故障、不伤设备配线、更改故障方便的特点，既方便现场实作演练，又保护实训设备。电务段安装实作考试无人监考系统，裁判和职工物理隔离，计算机自动评分，实现对信号工实作考试的公开、公平、公正。

3. 完善配套设施，做到培训服务全保障

职工在车间实训基地演练的同时，相关配套设施也同步跟进。石家庄电务段为每个实训基地建设车间电教室，配备电脑 168 台，达到网络培训教学要求；为有条件的实训基地建设宿舍和食堂，满足日常培训需要；配备相应的工机具、MF14 万用表、卡钳电流表、数字万用表等，为职工日常实作演练提供便利条件。

三、规范实训基地制度，做到常态化管理

车间实训基地建在各现场车间，对于职教部门来说很难直接管理，如何规范地用好实训基地，提高实训基地的运用效率，发挥技能培训基地基础保障作用，确保教学设备有人管，能长期使用，使设备设施处于良好状态，就必须用制度来约束，做到常态化管理。

1. 成立实训基地维护管理领导小组

领导小组组长由主管副段长担任，副组长为职教科长，各车间主任、支部书记为组员，管理领导小组设在职教科。职教科负责实训基地的培训组织、制度考核、设备更新改造等；各实训基地所属车间负责实训基地演练设备的日常维护，定期检修，设施使用，专人负责等。

2. 建立教学设备管理制度

实训基地的培训、演练、办公、教室、院内环境等场所，须定期、定时、定点地进行检修、维护、整治、更新，做到定置管理，责任到人，确保实训基地设备管理的规范化和标准化。

3. 建立安全管理制度

实训基地要加强防火、防盗、防爆教育，配备足够的消防器材，提高基地安全管理意识。职工培训时要认真做好安全防护工作，对参培学员进行安全教育，实训演练时学员要按照规定穿戴好防护用品，严格执行操作规程，听从老师的指导。电源要符合用电要求，做到人走、关灯、断电，有条件的实训基地可以设置专人管理或安装监控视频，随时调看，做到常态化管理。

4. 建立其他管理制度

发挥实训基地的培训演练作用，还应建立实训基地的培训管理、设备管理、工机具材料管理、考勤管理、宿舍管理、后勤管理、食品安全管理等有效的管理制度，为能顺利培训演练奠定基础。

四、充分利用实训基地，开展各类型培训

车间实训基地作为最主要的培训场所，主要开展职工轮训、各类补强培训、技能专项培训、星级职工评定、职业技能竞赛、岗位资格性培训考核等培训活动。实训基地的演练设备包含电务设备室外三大件——道岔、轨道、信号机，以及室内组合架、继电器等室内设备，配置和现场设备基本一样。职工的日常培训演练、新职人员及青工们的自我提升、管内维修作业中遇到的疑难问题，都可以在实训基地学有所获。

1. 新职人员培训

每年新入路人员到单位报到后，先在段培训基地进行不少于一个月的集中培训，然后到现场进入师带徒阶段。新职人员到车间后先到车间实训基地熟悉管内信号设备种类、站场分布、设备名称、作业情况、电气特性测试等，然后进行“仿真”作业，最后进行“实战”作业。新职人员跟师傅到班组后，由于设备维修或故障处理都需在天窗点内完成，受时间约束，新职人员在跟师傅学习中很难系统地完成操作，例如处理道岔、轨道、区间等设备故障，现场不易遇到，即便遇到有故障出现，也不会让新职人员上手。但事后，师徒可以在车间实训基地，不受时间约束，按照作业

指导书和规定学习内容，让职工自己动手操作设备，学习标准化作业流程和故障处理方法。近五年，该段利用车间实训基地共培训新职人员219期，累计1 796人次。职工在车间实训基地干中学、学中干，理论与实践相结合，学一点，干一点，会一点，尽快适应岗位需要。

2. 在职人员日常演练

车间根据段培训计划及生产实际，针对设备维护中存在的共性问题、经常发生的设备隐患以及典型故障现象等，有针对性地开展实作技能补强培训。比如在轨道电路技表之前，利用演练设备进行模拟——极性交叉测量方法、记录参数变化、绝缘阻值测试、入口电流测试等，有效提高现场作业效率，规范标准化作业流程。另外职工根据自己的业务短板，可以利用工休时间结伴到车间实训基地多学、多练、多研究，促进技能提升。例如邯长线电气化开通，大量新型信号设备投入使用，而该车间老职工和新职工较多，缺少中坚力量，建成涉县实训基地后，车间补短板、强弱项，分期分批开展新设备标准化作业流程、设备检修程序、故障处理等方面的实作演练。车间实训基地解决了实作培训基地单一化、培训路程远等问题，保证了职工实作培训与现场工作实际相结合。

3. 段组织骨干培训

集团公司维修体制改革要求将生产管理单元由工区过渡到车间，即车间组织生产。因此电务段组织车间干部职工、各班组长及骨干到段培训基地学习，提高业务技能，更好地服务生产。同时段职教科派优秀教师到各车间实训基地组织技术骨干培训，不必都到段培训中心，就地办班，开展属地化、专业化培训，减少工学矛盾，提高培训效率和质量。近3年来，随着石太线、邯长线等设备的升级改造，段到各车间实训基地举办骨干培训班59期，累计2 248人次。通过上来学和下去教，坚持反复学、学反复，既可以解决现场车间生产任务重、没时间到段培训的工学矛盾，又可以以点带面，使整体职工的业务技能尽快提升。

4. 星级职工考试考核

职工岗位星级的评定实行段和车间两级分层管理，五星级的评定由车间初评推荐，段组织考核评定，其他星级由车间考核评定。星级职工评定关乎每个职工的切身利益，因此星级考评工作必须做实，经得起历史的考验。考评的三项内容中实作考核占总成绩的40%，而实作考核要比笔试考核更有说服力。车间利用实训设备当场设置故障，职工们真刀真枪操练，在实作考核中，双人监考，现场打分，做到公平公正公开，既考察职工的技能水平，又考验职工处理故障时的心理素质。另外职工为了能更好地通过车间的评定甚至到段参加五星的考核，也会自发到车间实训基地模拟演练，确保能一次通过。

5. 车间模拟现场故障演练

电务岗位日常工作就是对现场信号设备的精检细修，出现设备故障时须快速处置。现场遇到设备故障时，出于考核的压力，职工会分秒必争地处理故障，确保尽快投入使用、不影响列车。有时在现场总能“遇到”没见过的故障，处理起来比较困难，导致故障延时。但是事后故障分析时，可以利用车间实训基地设备的有利条件，模拟出各种可能出现的故障状态，对照电路、图纸，试验设备的电气特性，找到最有效的解决办法，积累故障处理的经验。另外，在当前重考核、严管理的情况下，职工的责任心和基本功也有很大提升，设备经过精检细修后，故障大大降低，基本上，全年75%的班组没有故障，但是仍要时刻做好设备出故障后的应急处置能力。职工在实训基地实作培训，互相出故障、真演练，形成“红蓝对抗”，就像部队军事演习一样。和平年代时，只有通过不断的实战演习，在战争中学习战争，才能在真正的战争中应对自如。

五、多维培训演练效果突显

实践是检验真理的唯一标准，车间实训基地陆续投入使用后，为车间实作技能培训提供了很好的平台，经过形式多样的培训演练，特别是对实作演练表现突出职工的表彰奖励和提拔重用，职工们学技练功的热情高涨，取得了良好的效果。

1. 车间学技练功氛围日渐浓厚

段骨干轮训班结束后，经过培训的车间主任和书记们，充分认识到职工培训的重要性，回到车间合理

（下转第43页）

加强师带徒管理 提高新职人员技能水平

○ 李爱霞

随着我国铁路建设的快速发展、运营里程的不断提高、列车运行速度的不断提升，需要大批量高素质的铁路职工源源不断地充实到职工队伍中。为了满足新时期铁路发展需要，每年有大批的高职高专毕业生进入铁路系统。如何使他们尽快系统地了解履职岗位的专业知识，掌握岗位作业技能，适应岗位安全作业的要求，显得尤为重要。抓好新职人员培训就是系好铁路人才培养的第一粒扣子。洛阳机务段职教科在对新职人员进行段、车间、班组三级安全教育培训和岗位应知应会知识的培训结束后，主要采用以师带徒为主的方式对新职人员进行实作培训，通过加强培训过程管理和教学管理，提高新职人员培训质量，满足生产一线对岗位作业人员的素质要求。

师带徒培训管理是铁路系统加强新职人员培养的重要手段。从企业人才需求的角度出发，通过段、车间、班组三级教育模式，层层把关达到预期培训目标。本文从确立培训目标、完善培训机制、确保培训质量三个方面，阐述了加强新职人员培训的标准和方法，强调了培训过程需要把握的四个环节。

一、明确培训目的，确立培训目标

1. 实施师徒培带，培养合格人才

师带徒培训是通过师傅的“四带一保”，即带思想、带作风、带业务、带纪律、保安全，促进新职人员迅速成长。师傅结合实际，以身作则、言传身教，帮助徒弟养成严谨好学的作风和持续向上的精神状态。徒弟经过师傅的“传、帮、带”，时时处处以老同志为榜样，不断积累实践经验，提高岗位操作技能，提升自身综合素质。洛阳机务段职教科结合实际，制订师徒培训协议书，明确双方的责任义务，实现培养合格人才的目标。

签订师徒合同

2. 营造共学氛围，促师提素带徒

师傅要想回答、解决新职人员提出的问题，自己必须首先要熟练掌握本岗位的理论知识和各项业务技能。新职人员在现场提出问题，能促进师傅和其他职工交流、思考，推动职工业务学习的积极性，营造班组良好的学习氛围。通过师带徒，新职人员学到了知识，师傅的业务得到了提升，实现了教学相长。

3. 精粹教师队伍，激发企业活力

洛阳机务段职教科采取师带徒培训模式及教学实践，积极选择思想道德高尚、责任心强、技能水平精湛的教师，选聘以工人技师、技术能手为骨干的技能教师队伍，及时挖掘兼职教师后备人选，为新职人员培训提供师资保障。通过教师的言传身教，引领新职人员的成长，能够有效起到传授铁路岗位技能、传承企业优秀文化、发扬企业优良传统、激发企业发展活

力的作用。

二、完善培训机制，提供培训保障

1. 制定培训办法，严格培训纪律

洛阳机务段依据《铁路职工教育培训规定》《铁路特有工种技能培训规范》等相关文件来规范新职人员培训管理工作，制订“师徒培训实施办法”，通过建章立制、规范管理、加强领导等措施，促使新职人员培训全面开展。严格落实“先培训、后上岗”制度，强化过程控制，严格岗位准入。新职人员必须按照相关要求，进行拟任岗位资格性培训，并经职业技能鉴定和考试考核合格，取得相应职业等级证书和“铁路岗位培训合格证书”后，方具备上岗资格。完善的培训制度使新职人员有章可循，使培训过程有据可依，同时为职工能力的发挥创造一个平台，减少因为规则不同、评分标准不同，对职工业务技能评定产生误差，挫伤职工学习的积极性。

2. 明确培训职责，严格三级培训

段级岗前培训内容主要以劳动安全和职业道德知识为主，依据《铁路劳动安全培训规范》和《铁路特有工种技能培训规范》执行，车间和班组岗前安全教育培训分别由车间和班组组织实施，培训内容主要以《铁路特有工种技能培训规范》中专业安全知识内容为主，增加安全作业标准、安全规章及案例警示教育等内容，具体实施有以下几点。

一是根据《铁路特有工种技能培训规范》和相关岗位作业标准以及集团公司相关文件，不断完善师徒合同培训的教学内容，为师带徒培训质量奠定理论基础。二是从师徒合同的签订、落实、检查、考核入手，明确段、车间、班组、师傅及新职人员在培训过程中的职责。三是按照职责要求，职教部门制订培训教学计划和组织定职考试，并对培训过程定期进行检查、指导、通报和考核；车间负责对班组选定的师傅从德、能、勤、绩等方面进行审核，定期对本车间的师徒培训进度和效果进行检查、指导和考核，组织实作技能演练、讲评和定职前的考核、鉴定，以及向职教部门提出定职考试申请；班组负责选出德才兼备的业务骨干做师傅，对师傅作业中传授的内容提出规范性要求，必须按照培训教学计划安排新职人员跟班作业，使新职人员进一步明确岗位职责和具体作业标准。

段教育科集中培训安全课

3. 注重过程控制，保证培训效果

一是明确规定培训过程中的台账和作业记录。规定师傅和徒弟按照“师徒教学写实记录”要求，每次培训教学结束后认真如实填写，工长签字确认，保证培训教学计划落实。二是加强师徒教学过程考核。强化师带徒活动目标管理，规范师带徒活动实施过程，完善师带徒考核与奖励机制。段、车间定期检查“师徒教学写实记录”，采取口头提问、抽考、组织新职人员技术演练等方式检验培训效果，把检查结果纳入车间职教管理季度考核内容。三是强化考核结果运用。师徒合同结束后，新职人员考试成绩与师傅的奖惩挂钩，并将年度新职人员定职合格率作为评选车间优秀职教集体的条件之一。

4. 发挥班组作用，抓好现场教学

生产作业现场是师徒教学活动的主课堂。班组在师徒培训教学中要做到“三结合”。一是结合日常学习抓落实。由于班组日常工作任务多，能为新职人员提供充足的学习实践机会，将师徒培训教学与日常业务学习相结合，促使新职人员迅速熟悉作业环境和安全规章制度。二是结合日常练兵抓落实。班组结合每月的练兵活动，展示师傅指导新职人员操作技能效果，定期组织新职人员进行师带徒比武竞赛活动，要求新职人员参赛，师傅、指导司机或工长现场观摩，既能促使新职人员相互学习促进，又能增加师傅的责任感。三是结合日常作业抓落实。利用每次作业时间，在师傅的指导和演示下，新职人员做好辅助工作，并通过师傅的演示和指导，逐步掌握作业的关键环节和操作要领，增强实作技能，最终达到单独熟练作业的标准。

师带徒现场操纵教学

三、把握四个环节，保证培训质量

1. 明确标准，突出师傅选聘德才性

师带徒培训教学，师傅的选择是关键。师傅的选择主要从思想道德和业务技能两方面进行参考，严格按照“班组推荐—车间审核—职教科确认备案”的程序进行师傅选聘。师带徒不仅是传授技艺，更是职业生涯的引路，合格的师傅具备作风正派、责任心强、业务精湛、经验丰富和勇于进取的个人素质，能激发新职人员的工作热情，营造积极向上的工作氛围。思想道德过硬、业务素质扎实的师傅能在潜移默化中带出积极向上的徒弟，为企业的健康发展提供持久的内在动力。

2. 因材施教，培训方式注重针对性

新职人员培训是提高职工能力素养的有效手段，也是推动企业发展的重要保证。师带徒培训教学包括教学内容、教学进度、教学方式、教学效果等方面。培训过程应注重因材施教，针对新职人员具体情况，采用形式多样的培训方式，结合岗位特点、个性差异和学习情况安排培训内容，确保培训内容涵盖岗位培训规范、岗位作业标准及安全教育培训，师傅随时检查新职人员培训效果，调整培训方案，以达到预期培训目标。

3. 科学评价，激发教学相长积极性

师带徒培训是双边活动，只有双方相互配合才能达到最好的教学效果。对教学效果进行评价时，要认真分析师徒双方责任、原因，精准考核，主要做到以下三点。一是完善考核标准，使考核有据可依；二是严格落实考核，使考核公平公正；三是注重考核效果，考核适度，在保证考核效果的前提下避免产生矛盾，并使考核起到激励作用。

4. 夯实基础，提升新职培训有效性

为满足师带徒培训教学需求，一是完善各岗位作业指导书、培训规范和作业标准；二是结合岗位作业指导书、培训规范，编写单项操作指导书；三是以主要工种岗位标准化作业、关键设备检修、新设备运用、故障抢修为重点，开发多媒体课件、电子音像教材，将实操标准、步骤、操作技巧和注意事项形象直观地以多媒体的形式呈现给新职人员；四是加强车间、工区培训设施建设，加大投资力度，逐步完善段、车间、工区的实训演练配套设备设施，确保演练设备与现场设备同步，满足新职人员实作技能演练的需求。

师带徒现场电气柜知识教学

四、结束语

洛阳机务段近几年一直在不断完善新职人员培训管理规定，加强师带徒培训管理，新职人员的业务能力逐年提升。当前处于铁路改革的重要时期，只有全面提升新职人员的思想道德和业务技能，才能培养出综合素质更高更强的新一代接班人，为铁路全面高质量发展提供强有力的保障。铁路行业的改革在有条不紊地进行，面对挑战，经过新职培训的年轻一代必将会成为铁路建设和发展的生力军。

（作者单位：中国铁路郑州局集团有限公司洛阳机务段）

浅谈站段师带徒工作的实践与探索

◎ 李敬民

铁路运输生产依靠二百多万名技术精湛、标准作业的职工，他们任劳任怨、爱岗敬业，在保证安全的前提下，完成客货运输生产任务，同时也发挥着“传、帮、带”的作用，将铁路精神、岗位技能、职业道德一代一代传授下去。随着铁路快速发展，每年都有许多大中专毕业生进入铁路，成为铁路发展的新生力量，从事着铁路安全生产工作。在新职员工进入铁路生产现场独立顶岗作业前，都要经历学徒期，熟悉生产工艺与作业环境，学习岗位基本技能和安全知识，再经过定职考试、技能等级鉴定，取得单独上岗作业资格。

从2015年开始，乌西车辆段每年接收百名左右大中专毕业生，他们年轻、有朝气、理论知识丰富，但实践经验不足、岗位作业容易出差错、安全生产容易出风险。大中专生入段完成三级安全教育后，就进入学徒期。为使在学徒期起到较好效果，车辆段选取经验丰富、技能娴熟、品行端正的师傅和他们结成对子，举行拜师仪式，签订“师徒合同”。然后按照培训计划，对岗位安全要求、技术理论知识以及操作技能分阶段分步骤培训，对培训内容进行定期考试，并在合同期满后，对徒弟进行全面考评。同时，对大中专生进行职业道德、铁路精神传承教育。通过发挥“传、帮、带”作用，帮助新职人员在岗位工作和思想品德上快速进步、茁壮成长。乌西车辆段在新职职工的学徒期开展的主要工作有以下几方面。

一、安全培训，牢固树立安全风险意识

在学徒期前，新职职工必须经过段、车间、班组三级安全教育。即在段安全培训期间，对劳动安全、用电安全、环境安全、消防安全等规章进行全面学习；在车间培训期间，对车间管辖范围涉及的安全制度进行学习；再到班组，对岗位具体安全防范事项进行学习、掌握。

1. 段级安全培训，掌握安全法律法规政策

按照《铁路特有工种培训规范》要求，当新职人员入段后，主要学习国家相关法律法规，掌握安全生产方针政策，充分认识安全生产的重要意义。在安全生产中，严格贯彻执行“安全第一、预防为主”方针，严格执行操作规程，遵守劳动纪律，杜绝违章操作行为。同时，对新职人员进行《铁路电气化安全》《铁路劳动安全》《劳动安全守则》培训学习，并根据检修、运用及设备不同工种，进行相应安全培训。进而利用发生的安全事故案例，对职工进行安全风险意识教育。培训后组织考试，考试合格后再分配到车间；如果不合格，则需再次培训，直到考试合格为止。

2. 车间安全培训，掌握生产现场安全规范

完成段级劳动安全培训学习，考试合格后，新职人员会分配到车间，组织进行车间级安全培训。主要根据车间生产特点，在生产作业中的危险区域、危险部位、各种不安全因素、安全防护基本知识与各种安全技术规范等方面对新职人员进行安全教育；同时，在各个作业场所、各个生产流水线、各类重点设备对新职人员进行相应的安全培训。

车间在组织应急救援预案演练时，让新职人员进行观摩，这样既普及了安全知识，又提升了职工安全意识，还增强了职工抵御事故突发的能力，为有效预防和遏止各类事故的发生产生了积极作用。

3. 班组安全培训，掌握岗位作业安全要求

在完成车间安全培训，考试合格后，新职人员进入班组，进行岗位工种的劳动安全守则培训学习，并结合本工种、岗位特点，熟练掌握安全操作、安全防护等基本知识。同时，利用本班组已发生的违章作业

行为，对新职人员进行安全教育，使职工头脑中时刻绷紧安全生产这根弦，警钟长鸣，时时注意安全、处处防范风险，确保安全生产。

二、学练业务，充分满足岗位作业需要

在三级安全培训教育合格后，在班组进入到师带徒阶段，班组选拔作风正派、责任心强、技术业务过硬、职业道德水平上乘的职工作为新职人员的师傅，承担教育、引导工作，保证新职人员在技术业务和职业道德上取得进步。

1. 举行拜师仪式，明确责任义务

新职人员到班组后，由工长主持，举行拜师仪式，签订师徒合同，明确带徒目标和培训方案，正式确立师徒关系，明确双方责任与义务。师傅要落实师徒合同，按照培训计划，带领徒弟在思想、业务、纪律、品德等方面进行铁路精神传承和岗位技能传授，让新职人员在思想品德方面得到提升。重点传授乌鲁木齐局集团公司“五种精神”、铁路职业道德、技术业务知识与相关的安全知识，引导新职人员立足本职、爱岗敬业、刻苦学习、不断进取，快速成长为岗位所需要的优秀人才。

通过举行师徒培训签订仪式，一是增强师傅责任感，使师傅感到身上增加了压力，肩上挑了一副担子，需要努力才能完成收徒授业的庄严任务，才能完成带徒育人的神圣使命；二是增加徒弟的融入感，徒弟从第一次进入一个全新生产环境，心中总是不踏实，通过拜师仪式，完成了从学生到一名铁路职工角色转变与过渡，能够体会到真正进入了铁路大家庭，决心将师傅所教一切全部学会弄懂，带着良好的精神面貌和熟练的岗位技能投入到工作中去。

2. 学习技术业务，适应岗位生产

(1) 了解生产环境，保证作业安全。生产环境是安全生产场所，是职工每天必在的处所。因此，由师傅带着徒弟，对车间各个生产流水线、工作岗位、安全风险点、消防设施等进行全面介绍，使徒弟清楚生产环境的各项功能与要求，了解工作性质以及安全注意事项。对上班前、班中的规定与要求，班后做到工完、料净、场地清等方面，师傅坚持身教重于言教，身体力行，在力所能及的情况下，让徒弟自己动手，参与其中。

在熟悉生产环境后，师傅针对保障职工安全技术措施进行现场讲解，例如电焊机保护性接地，天车吊重超载就不能操作，易燃、易爆品仓库与尘毒环境中的隔离操作室等。另外，对厂房内设置的各种安全标牌，师傅走到哪、讲到哪，使徒弟掌握标识牌的警示内容。当上班经过道口，师傅将“一站二看三确认四通过”的规定与“口呼手比”方法讲授给徒弟；当搬运配件材料，将“轻拿轻放、同起同落”“不能抛扔配件材料”等安全规定，边说边做，使徒弟真正理解安全规定的含义。

通过生产环境安全教育，使徒弟清楚地认识到，环境安全是非常重要的，环境清洁也对安全生产影响较大，只有在安全、清洁的环境中作业，才能维护正常生产秩序，才能保证产品质量，顺利完成生产任务。

(2) 学习岗位技能，做好上岗准备。对于岗位技能方面，安排徒弟重点学习的内容有以下几点。一是学习各类安全标准；二是学习各项标准、各种规章；三是重点学习岗位作业指导书，这是上岗作业基本条件和卡控质量的关键所在；四是学习本岗位设备操作规程、设备保养要求。对于这些知识，徒弟都要进行认真、细致、全面地学习。

对于货车现场检车，师傅根据车型、部位，并按照姿势、角度、敲击等标准动作要求，悉心指导徒弟。当有检车空闲时，让徒弟上手练习，对不正确的动作、漏掉的程序进行纠正，使徒弟掌握检车作业流程与作业标准，为消除漏检漏修提供技术支持。

在学习岗位技能期间，师傅教、徒弟学，师傅教得一丝不苟，徒弟学得精益求精。师傅细致入微地帮助徒弟，将自己所掌握知识倾囊相授，毫无保留。徒弟则能够有效发挥内在动力和潜能，严格要求自己，积极学习安全技术，基本学会日常作业流程，也体会到铁路作业标准规范要求，并动手参与到岗位作业中，尽自己所能进行基本、简单的操作，使自己的技能素质得到提升。

(3) 学会故障处理，培养应急能力。在掌握基本作业技能后，师傅将故障处理作为传授技术重点。例如针对现场作业遇到的 120 制动阀漏风故障，师傅带

着徒弟到内制动班组观看制动阀检修过程，到外制动班组观看制动阀安装过程，并分析由于气候、材质、夹杂、漏检等主、客观因素而产生故障的原因，使徒弟直观地学习作业标准与故障处理方法。

车辆技术业务所具有的复杂性、深刻性，需要长期坚持不懈的学习过程，需要徒弟不断学习。在新职培训期，概括全面学，学有精进；顶岗作业后，集中针对学，学以致用。徒弟还要多向师傅请教，并虚心向本专业前辈们请教，才能不断提高自己的专业技能水平，为铁路发展做出自己应有的贡献。

学徒期间，师傅以身作则，关心爱护徒弟，解疑排难，鼓励徒弟做到敬业、精业、勤业、爱岗。在工作中，师傅能做到不厌其烦地为徒弟讲解示范，对徒弟的不足之处给予更正。在生活中，与徒弟成为隔辈好朋友，对徒弟的教育引导从上班延伸到八小时以外，当徒弟电话询问有关技术业务问题时，师傅总能及时回答。师傅给徒弟树立好榜样，鞭策徒弟严格要求自己，认真干好每一项工作，追求卓越，早日成为像师傅一样优秀、严谨、勤劳的铁路职工。

三、鼓舞激励，强力推动铁路高效发展

1. 期满鉴定，铁路发展后继有人

学徒期满后，新职人员经过“传、帮、带”，凭着自身刻苦努力，取得了良好成绩。一是思想上取得进步，徒弟始终严格要求自己，主动学习党的方针政策，不断提高自我。二是业务上得到提高，对技术业务有很强的求知欲，孜孜不倦学习技术业务，能够进行标准作业与操作。在工作中，具有较强动手能力，且达到标准要求。三是处事上助人为乐，对师傅交代的工作保质保量完成，为人处事能够做到和善热情、诚恳踏实，与工友相处融洽，并积极参与班组各项活动，乐观开朗，乐于助人，具有团结协作、刻苦钻研的作业精神。

通过评价鉴定，绝大多数徒弟都能达到优秀或者良好，较好的鉴定评价使徒弟倍受鼓舞，收获信心，将学徒期的孤独、苦恼和劳累抛下，证明自己的所有付出有价值，选择铁路行业的信念也更加坚实。

2. 继承传统，人民铁路兴旺发达

在学徒期，师傅会在不同时间、不同场合向徒弟灌输铁路职业道德，将“人民铁路为人民”作为铁路职业的出发点，也是铁路职业道德的核心，贯穿于铁路职业道德教育全过程。在安全生产中，师傅身体力行，做好、做优本职岗位工作，认真履行岗位职责，给徒弟做出榜样示范，坚持学技术、练标准、守纪律、修品德，努力完成生产任务，保证安全生产。

认真传授乌鲁木齐局集团公司“五种精神”，将乌铁人艰苦创业、壮大发展、勇于创新的伟大历程展现给徒弟，为徒弟传播爱国、爱疆、爱路文化基因。一代代乌铁人扎根边疆，将个人荣辱与新疆繁荣紧密联系，努力拼搏，从最初的“一”字形铁路到“人”字形铁路，再到现在的南疆线、喀和线、哈罗线、精伊霍线、奎北线、克塔线、兰新线等在内，形成的疆内全新路网布局。在蒸汽时代燃烧激情，在内燃时代艰苦奋斗，在电力时代攻坚克难，在高铁时代勇于担当，在 160 多万平方公里大地上驾起运营里程 6 800 余公里钢铁巨龙，拉近了时空距离。从路网密度低，通达能力差，到基本建成快速铁路网。铁路贯通新疆各地州、连通内地各省、连接中亚各国的三个大通道，扩大与其他地区人流、物流和资金流往来，推动城市群跨越发展，助力丝绸之路经济带核心区建设，不断扩大货运市场份额，货物发送量稳步提升，货车装卸量屡创新高、连破记录，推动新疆经济高速发展。

通过“五种精神”红色基因与铁路职业道德教育，使徒弟从内心深处接受了乌铁人扎根边疆的创业精神、艰苦奋斗的献身精神、高度负责的主人翁精神、团结协作的集体主义精神和勇于创新的开拓精神，并立志传承下去，为新疆铁路发展再立新功、再创辉煌。

四、师徒进步，大力造就铁路未来人才

1. 传授技艺，培养人才

师带徒是传技能、授手艺最直接且最有效的方法，既能让师傅们将所拥有的知识和经验有序传承，又能促进新老职工之间的凝聚力；既能节约培训成本，又能助力创新；既能避免一般培训带来的“工学矛盾”，又能弥补一般培训脱离实践的不足。同时，通过师徒之间交流配合，能够最大限度地鼓励新职人员在实践中学习，在实践中磨练，用师带徒这种手把手、面对面培训的学习方法，将徒弟培养成娴熟的操作技术

人才。

通过结合安全生产实际，师傅以身作则、言传身教，帮助徒弟培养扎实、勤俭、严谨、好学、协作的良好作风，树立正确的人生观、世界观、价值观，保持积极向上的精神状态，立足实际，不断积累实作经验，提高岗位操作技能，提升自身综合素质。徒弟经过师傅“传、帮、带”，思想上、作风上、业务上、纪律上都取得了进步，在自己岗位上恪尽职守、遵章守纪、安全作业，时时处处以师傅与先进职工为榜样，不会就学，不懂就问，不行就练，始终保持谦虚谨慎、勤奋好学的积极态度，综合能力逐步提高，成为安全生产需要的合格人才。

2. 学无止境，技精于练

在学徒期间，师傅如长辈般无微不至的关怀，同事如朋友般问寒问暖的关心，让远离家人的徒弟时刻感受到铁路大家庭的温暖。在完成培训学习任务后，师傅与新职人员进行思想沟通，认真倾听他们的意见，热心解决他们工作生活中的困难和问题，使他们能够尽快适应铁路工作环境，建立铁路归属感。在工作中，师傅、同事不厌其烦地手把手教导；在学习中，师傅、同事将数十年总结的工作经验和盘托出，鼓励徒弟不断加强业务学习，对于出现的问题及时纠偏，避免走弯路。在学徒期间，徒弟不仅学到师傅们的技术业务，更学到他们为人处事的能力以及敏锐洞察问题、深刻分析问题、完善解决问题的生活阅历积淀。

“名师出高徒”，开展“师带徒”活动，是培养人才、造就人才，促进职工全面发展、岗位成才、健康成长的重要手段和有效途径。通过一对一培训，一带一传授，能够快速提升新职人员在现场工作中的操作技能、动手能力以及道德素养，形成“传、帮、带、助”良好氛围。自2015以来，乌西车辆段累计开展师徒培训共600多对，其中通过考核，合格者共计590余对，出师成功率达到90%以上，其中许多徒弟已成为本工种岗位技术骨干，在安全生产中挑大梁、担重任、解疑难。同时，带领其他职工学技练功，像师傅一样传授技艺、传承精神，共同提高岗位业务技能，共保铁路运输生产安全稳定，促进新疆铁路健康、稳定、可持续发展。

（作者单位：中国铁路乌鲁木齐局集团有限公司
乌西车辆段教育科）

（上接第25页）

5. 合力共为强师资

“善之本在教，教之本在师。”师资是保证培训效果的重要因素，在适应性培训上应充分挖掘师资力量，保证培训效果。一是条件具备时，要优先考虑集中脱产培训，统筹全段的专兼职师资力量，倾力而为。譬如新乡机务段开展的年度机车乘务员回送培训，由原来的车间各自为战，到现在的集中脱产统一办班，邀请运用科、安全科、技术科等部门专职人员一起参与授课，从而大大提升了培训质量。二是对于全员适应性培训班，不具备脱产条件时，职教部门在下发培训安排后，还要指导车间优选师资，放手让各部门的高级技师、优秀班组长、技术能手参与授课，培养职教师资“后备军”，逐步补强车间师资匮乏这个短板。三是统筹制作录播课件和微视频，补充适应性培训内容。近年来，为配合适应性培训工作，新乡机务段共录播相关课件近30个，制作微视频23个，充分利用网络和信息化技术，开展辅助教学，有效提升了适应性培训效果，有力保证了安全生产。

（作者单位：中国铁路郑州局集团有限公司
新乡机务段职工教育科）

创新青年干部培训工作 助力青年干部成长成才

◎崔学超　朱亮亮

习近平总书记寄语中国青年："青年一代有理想、有担当，国家就有前途，民族就有希望，实现我们的发展目标就有源源不断的强大力量。"近年来，集团公司党委高度重视青年干部的培养，坚持突出政治过硬和本领高强，坚持事业为上、以事择人、人事相宜，进一步加强干部队伍建设，特别是注重提升年轻干部队伍整体素质和履职能力，使他们逐渐成为推动北京局集团公司高质量发展、引领首善之局建设的中坚力量。作为集团公司党校组教科的组织员，结合青干班的带班经验，针对当前工作中存在的问题和不足进行了深刻剖析，在深入调研思考的基础上，就如何进一步加强青年干部培训工作提出对策与建议。

一、青年干部培训的重要意义

开展青年干部培训是集团公司党委构建高素质专业化人才队伍的战略手段；是进一步促进首善之局建设和高质量发展的战略举措；是一项立足长远、意义重大的战略工程。因此，必须站在党的事业持续发展、铁路事业持续发展、北京局集团公司各项工作高质量发展的高度，用全面、发展、历史的观点，提高对青年干部培养选拔工作重要意义的认识。

1. 青年干部培训是实现集团公司高质量发展宏伟蓝图的需要

当前，国铁企业正处在改革发展的重要历史阶段，铁路面临着"三大变革"的巨大挑战。新的形势和任务，要求集团公司必须要通过努力增强自身的核心竞争力来发展壮大，要求集团公司必须拥有一支能够坚决贯彻党的基本理论和路线、能够清晰领会国铁集团战略意图并付诸工作实践、具有现代化领导能力的干部队伍。

习近平总书记明确指出："培养选拔年轻干部，事关党的事业薪火相传，事关国家长治久安。"这也为集团公司年轻干部队伍的建设指明了方向。国铁集团党组着眼铁路事业接续发展、后继有人，始终高度重视青年干部的培养、选拔、管理和使用工作，制定下发了《关于适应新时代铁路改革发展要求大力发现培养选拔优秀年轻干部的实施意见》，对集团公司年轻干部选拔培养做出了顶层设计，提出了目标要求。这既是党组坚决贯彻落实党中央决策部署的具体行动，也是实现"三个世界领先、三个进一步提升"的交通强国、铁路先行目标的现实需要。新时代交通强国铁路先行规划纲要制定的目标必须要靠培养造就一大批高素质专业化的领导人员来引领推动。

因此，面向未来，必须进一步加强对年轻干部培养选拔工作重要性和紧迫性的认识，努力强化年轻干部的培养选拔和教育工作，造就一批政治上靠得住、管理上有手段、技术上有方法的年轻干部，这对于集团公司的发展具有重大现实意义和战略意义。

2. 青年干部培训是解决干部队伍特别是领导人员队伍年龄结构问题的需要

在集团公司 2021 年组织人事工作电视电话会议上，人事部部长就对全局的领导干部结构进行了分析，指出了全局领导班子年龄结构整体偏大、领导人员接续力量不足等矛盾比较突出的现实问题。截至 2020 年底，全集团公司 1 376 名领导人员中，1978 年以后出生 128 人，占比 9.3%；运输站段 670 名领导人员中，1978 年以后出生 84 人，占比 12.5%，与"到 2023 年，

45 岁及以下领导人员占比提升到四分之一左右；其中运输生产站段领导班子中 45 岁及以下成员总体达到三分之一”的目标差距较大。而且未来 4 年领导人员退休数量呈现逐年递增趋势，2021 年 86 人、2022 年 169 人、2023 年 194 人，2024 年 122 人，4 年退休总人数约占领导人员现员的 41.5%。

领导人员队伍建设的形势十分严峻，从现实情况看，优秀青年干部数量不足、来源不广、分布不均的问题依然比较突出。在电务、工务系统尤其紧迫，特别是经过扎实历练的年轻干部偏少。干部队伍将面临一个青黄不接的“窗口期”，对优秀年轻干部的需求十分迫切，培养选拔优秀年轻干部的任务十分艰巨。

二、青年干部培训面临的突出问题

1. 青年干部自身政治理论和素质能力有一定欠缺

从参培的青年干部来看，虽然他们走上管理岗位，在生产、经营、稳定主战场上发挥着越来越重要的作用，但是整体上政治理论基础还较为薄弱。如思想理论和政治素质有待提升，对党的最新理论成果理解不透，党性修养和锻炼与年龄较大的干部存在一定差距；实践锻炼和实际工作经验不足，特别是在一线、艰苦的地方和复杂环境中的实践锻炼有待加强；他们看待问题缺乏辩证思维和理性思维，容易简单化、片面化、形式化和情绪化，有时会出现想当然的情况。

除此之外，一部分参培的青年干部入路工作时间较短，在现场学习工作的时间更短，89% 的年轻干部没有担任班组长的经历。如何正确引导他们向其他干部学习经过长期现场工作所积累的经验、掌握的方法、练就的本领是培训工作面临的现实问题。此外，青年干部来源的特殊性也为培训增加了一定难度，目前全局的青年干部绝大多数来源于大学毕业生，而这些大学毕业生绝大多数都是“90 后”独生子女，由于其特殊的成长环境，他们的思想理念、思维方式、处事原则等都具有特殊性，他们与按照干部标准从优秀工人中选拔的干部不同，是直接由学生身份转变为干部身份的，而在大学生招生标准、毕业标准、行为标准与干部标准不等同的情况下，如何使他们尽快符合干部标准、具备干部素质，并在此基础上发展提高，这也为培训工作带来了不小挑战。

2. 青年干部培训规划性和针对性不强

从近年来的培训来看，青年干部培训积累了很多好的经验，但是从总体来看，还缺乏长期规划和有效指导，对青年干部的培训针对性不强，政治理论知识居多，管理型知识较少。在制订培训计划和开设培训课程前，对参培青年干部的工作发展、不同岗位的职责和参训者对培训课程的需求不够，想当然地制订了课程计划和培训内容，使教学计划、授课内容与青年干部实际需求脱节，学非所用，用非所学，达不到提高干部实际工作能力的目的。培训方式与当前干部发展的需求不适应，基本上集中培训多，分类培训少。

多数班次采用集中上大课的方法，培训的针对性不强，这些青年干部参与的积极性不足。部分班次的培训还存在短期行为多、统筹部署少的问题，现场发生了什么问题就培训什么知识，缺乏系统性、超前性和预见性的思考和部署。在日常培训组织中，往往多是注重理论知识的学习灌输，有组织、有目标进行实践的方法不多，过多地依靠这些青年干部本职岗位的工作经验，在理论与实践相结合上普遍欠缺。尤其是有目的地组织开展现代管理知识、企业文化建设、公文写作等方面知识的培训较少，不能从铁路长远发展的高度思考组织青年干部培训工作。

3. 培训机制与青年干部考核管理体系有效对接不够

对青年干部培训的管理考核不够清晰，制度办法不够完善，质量评价不够科学，缺少明确的量化标准，与青年干部和党校教师的日常考核、年度考核连挂不够紧密，致使青年培训工作没有得到有效体现。在培训实践中，发现部分青年干部在学习过程中存在着责任心不强、事业心不够的问题，只满足于完成参培任务，主动学习劲头不够，只求过得去，不求过得硬，在团结协作上，不能主动跨前一步，甚至出现避让和推托的问题。

青年干部的培训评估机制也有所欠缺，缺少对整个培训质量的评估检查。在培训完成后，总结会上有针对性的总结较少，尤其是对青年干部参培的意见方面关注不够，也无法做到及时追踪青年干部素质的变化，并用这些数据持续改进培训工作。青年干部在回到所在单位后，单位对培训效果关注不够，培训效果不能得到充分体现。部分管理者对培训效果评估重要性的认知也停留在教师授课满意度评估的层面。

三、做好青年干部培训的几点思考

青年兴则国家兴，青年强则国家强。要站在铁路事业薪火相传的政治高度，以习近平新时代中国特色社会主义思想、党史教育、政治理论、党性锻炼、职业道德、专业知识等为主要内容，以建党一百周年为契机，结合青年干部自身特点和成长规律，努力探索适合青年干部成长的培训模式、培训方法、培训途径，通过有针对性的培训，努力构建一支数量充足、立场坚定、作风扎实、能力突出、担当作为的优秀青年干部队伍。

1. 加强政治建设，提升政治理论水平和素质能力

（1）抓政治理论学习，加强党性研习。主动引导青年干部加强学习、转变观念，充分利用集团公司党校、京铁大讲堂等教育资源，个性化定制“年轻干部要走好人生每一步”“当代中国的历史性跨越与青年的使命担当”等党性教育课程，将政治理论和党性教育内容作为培训必修科目，把提高政治觉悟、政治能力贯穿青年干部培训全过程，引导他们不忘初心、牢记使命，增强“四个意识”，坚定“四个自信”，做到“两个维护”，不断锤炼年轻干部对党忠诚的政治品格。

（2）抓思维方式养成，提升引领作用。把提高青年干部的辩证思维能力、逻辑思维能力、是非辨别能力作为教育培训的重点，引导他们运用正确的立场、观点、方法分析和处理工作中遇到的急难问题。教育引导青年干部增强表率意识、自我约束意识，加强对他们的参培情况评价，定期为他们打分，引导他们坚持以身作则，主动学习，带头落实培训制度、带头遵守纪律、高标准完成培训。

（3）抓管理能力培养，提高实战素养。重视提高青年干部的管理素质，进行管理意识的培养、管理理论的教育、管理经验的灌输、管理文化的熏染和管理方法的传授，增强他们的组织协调能力、交流沟通能力、文字表达能力和口头表达能力，适应和满足不同管理岗位的需要。加强青年干部的业务教育，将公文写作、法律法规、劳动安全等各类知识纳入培训，全面提高他们的业务素质和专业能力。

2. 创新培训方式，打造积极互动的培训模式

（1）丰富教学内容，注重培训多样性。要紧密结合青年干部的特点，把理论教学、专题研讨、参加学习、体能训练、经验交流、考试考评等教学模块浓缩优化，坚持系统学习与素质拓展相结合、课堂教学与实地观摩相结合，教学方式灵活多样，实现学习和实践的同步互动、全面加强。

（2）推行研究式教学，注重培训互动性。组织开展专题结构化研讨，打破传统研讨方式，以“水平思维”替代“垂直思维”，集思广益、群策群力去研讨。综合运用讲授式、案例式、模拟式、体验式等互动式的教学方法，以问题深化体会，以思考充实笔记。借鉴往年青干班的成功经验，开展青年主题论坛云讲台网络直播，现场引导全班学员展开讨论，把学员的感知转化为理论思考，增加培训班的灵活性和互动性。

（3）着力实践锻炼，注重培训实效性。注重学员的参与度和能力的实践锻炼，要学以致用下功夫，在培训中增加大量学员思考、研讨和交流环节，如各类专题研讨、学员微论坛、班级交流、读书分享会、学员论坛和课后发表现场感言等。要培养学员走上讲台的能力，交流学习体会、介绍现场经验、讨论人生课题、畅想美好明天。通过培训，使青年干部的理论修养、政治素质、团队协作、实践能力等得到多方面的锻炼和提高。

3. 加强过程考核，充分营造严肃的培训氛围

（1）过程考核体现“严”。坚持高标准、严要求，特别突出严格管理、严格考核。从培训纪律、组织管理、学习管理、生活管理、考核评定、值班管理和应急管理等方面明确学员管理的目标与任务、措施与方法、机构与人员、责任与考核。

（2）过程考核体现“深”。坚持班主任监督管理与学员自主管理相结合，充分发挥班主任、支委和值班班长作用，坚持做到教育提醒到位、责任压力传导到位、支委和值班班长作用发挥到位、检查监督问责到位。将支委作为班级管理的重要一环，细化学员值班管理办法，明确每日考勤管理、学习生活秩序维护等工作要求，将遵守各项制度规定的情况，作为党性锻

炼和考核鉴定的重要内容，考核情况做到日统计、周公示、月汇总、年考核。建立青年干部培训奖惩档案，及时向集团公司人事部反馈。

(3) 过程考核体现“褒”。对培训中取得好成绩、好成果的青年，向集团公司和所在单位进行反馈，作为优先送学、评先选优、提拔任用的储备人选，努力营造青年干部培训和使用的紧密挂钩，良性循环，达到互相促进、相得益彰的目的。

4. 做好人文关怀，建立务实有效的培训评估机制

(1) 严格管理中见真情。在严格管理的同时，要注重与班委、重点学员、困难学员的谈心谈话，从学员学习、思想和生活等方方面面，无微不至地关爱学员，积极主动为学员做好服务。在学员管理中，要注重宽严有度，拿捏好分寸感，带有温度的管理才能让学员真切感受到党校大家庭的温暖。

(2) 学习交流中见真心。通过学习研讨和课下的深入交流，倾听学员的真实心声，及时了解学员在理论层面、思想认识上的培训收获，了解学员对于课程设计、教学方式、管理模式方面的一些宝贵意见和建议。通过跟班听课，关注每门课程的受欢迎度，及时整理收集，并根据学员意见及时完善教学安排、适当调整座次、调整食谱等，充分体现人文关怀。

(3) 培训结束后见实效。培训结束后的效果评估是青年干部培训体系中不可或缺的一个重要环节，是检验培训工作做好做坏的重要手段。要及时做好总结评估，从学员反映、培训后的行为变化及学员的满意度等方面，做好对青年干部培训效果的实际评估，通过这些指标来检查培训效果，发现培训工作中存在的问题，检验培训是否符合实际需要，调整培训方案，才能使培训起到预想的效果。

（作者单位：中国铁路北京局集团有限公司党校）

（上接第32页）

解决工学矛盾，组织本车间职工开展各种补强培训，实训演练基地利用率明显提高，因为他们已经充分认识到只有职工的业务素质提高了，安全生产才有保障。

2. 全体职工的人员素质得到明显提高

利用车间实训基地开展学技练功和岗位练兵，职工们尤其是青工的整体实作技能大幅提高，该段职工在国铁集团、集团公司职工技术比武中成绩显著。近5年来，在集团公司电务系统三个组别的比赛中，获得集团公司前8名共有21人，其中第1名4人、第2名5人、第3名5人；在全路技术比武中获前20名的3人，特别是在2019年，石家庄电务段职工拿下全路职工技术比武道岔组第1名的好成绩。获得名次的选手们目前全部调任到班组长、车间管理人员、科室生产主管等重要岗位，为安全生产保驾护航。

3. 信号设备故障定责和故障延时逐年下降

最能反映职工素质提升的是设备质量明显提高、故障件数明显下降、故障延时明显压缩。以过去的2018—2020年为例，石家庄电务段的集团公司定责任故障分别为66件、53件、49件，段定责任故障分别为94件、75件、69件，地面信号设备故障延时分别为2 531分钟、1 780分钟、1 695分钟。

车间实训基地的投入使用，解决了因培训设备设施不够、覆盖面不全等原因造成的职工素质不达标、实战和应急能力不足的问题。用好车间实训基地，通过强化日常演练、激发学习热情、提高教学质量，可以切实提升实操能力。车间实训基地已经成为该段高技能人才的孵化器，进而成为培养铁路电务系统的“大国工匠”摇篮，随着职工技能水平的不断精进，铁路的运输安全才能得到有效保障。

（作者单位：中国铁路北京局集团有限公司石家庄电务段）

加强铁路职工培训师资队伍建设的思考

◎王彬 赵赛 张雪玮

在当前铁路高速发展的背景下，对专业化、标准化、技能化人才队伍的需求越来越紧迫，铁路职工培训师资队伍的专业化程度在职工队伍建设中起着关键性的作用。目前在职工培训方面，存在着缺乏系统长期的规划、制度有待完善、师资力量不足等问题，加强铁路职工培训师资队伍建设，创新教育培训方式，有利于提升职工培训工作、提高培训质量、真正发挥师资在职工培训的重要作用。

一、加强铁路职工培训师资队伍建设的必要性

1. 加强培训师资队伍建设，提升职工培训工作，是新形势下铁路企业发展的必然要求

铁路企业已经进入高铁时代，随着铁路企业改革力度进一步加大，特别是大量高铁线路开通运营，新设备、新技术、新材料、新工艺的大规模引进和使用，职工急需更新理念，接受新知识，提升技能水平。职工队伍文化水平与综合素质较低，制约了新技术、新设备的广泛使用，这也成为了不容忽视的问题。因此加强培训师资队伍建设，提升加强职工培训工作，是确保安全生产的需要。

2. 加强培训师资队伍建设，提升职工培训工作，是职教部门新形势下充分发挥职能作用的需要

提升职工综合业务知识与现场操作能力最有效的方式就是教育和培训。职工教育科的主要任务就是贯彻国铁集团、铁路局集团公司有关职工教育培训的政策方针与要求，制订贴近现场实际的培训方案，承担职工岗位所需的职业道德、业务知识和技能、规章标准等内容的培训。职工培训是站段的基础性工程，想要将职工培训做好，除了科学合理地规划与组织、统筹协调、后勤保障等诸多因素之外，更重要地是教师的素质与能力。培训师资队伍素质水平的高低，将直接影响职工教育的质量效果。职教科为了充分发挥职工培训的阵地作用，为安全生产提供强有力的人才支持，应该打造一支结构合理、素质优良、技术精湛的培训师资队伍，从而保证培训职责，完成培训任务，使培训教育工作稳健向前发展。

3. 加强培训师资队伍建设，提升职工培训工作，是新形势下提高教师素质的迫切需要

培训师资的素质指的是师资特有的品质和能力，不仅具有个性化的特征，而且具有相关业务的专业技术能力。师资的综合素质主要包括高尚的品德素质、扎实的专业理论知识、完善的知识结构以及相应的专业技术岗位技能。随着一批批“新鲜血液”的加入，职工的素质和能力越来越强，自我发展的紧迫感和自觉性不断提高。目前一线职工的实践经验的积累、实际操作能力逐步增强，师资与职工之间在学历学位和知识方面的差距越来越小。这种状况表明，作为培训教师必须制订自修计划，尽可能把岗位自学、科研、进修、交流研讨等结合起来，提高文化素养和专业技能水平。

二、目前加强培训师资队伍建设，提升职工培训工作存在的问题

铁路职工培训师资队伍建设是提高职工专业技能水平的重要保证，一支具备专业素质的培训师资队伍可以有效提高铁路职工教育培训效果。近几年职工培训师资队伍建设取得了一定的成效，但是在实际中还存在着一些问题。

1. 职工培训工作长远规划不足

近几年对职工教育重视的程度越来越高，先后出台了各种培训管理办法，各级部门也创造条件落实培训班的计划，但是由于教育培训的前期投资大、与生产经营时间冲突，培训效果难以在短时间内准确衡量，

所以对职工培训工作缺乏整体设计和系统考虑，没有紧密围绕铁路的发展和生产经营目标，没有针对职工培训工作制订实施的中长期规划，多形式、多层次、多渠道、多功能的职业教育和培训格局也没有形成系统。职教部门只限于完成任务，还没有研究出切实可行的中长期发展规划和师资队伍培养方案，指导推动培训工作持续稳定的发展。

2. 兼职培训师资难以平衡日常生产与师资工作

在日常培训中，面对庞大的职工基数，培训工作任务繁重。在培训的高峰时期，比如春运、暑运、集中修期间，工作任务量尤为繁重，教育培训工作人员多为车间、科室重要管理岗位人员，在完成安全生产工作的同时，大量师资加班加点完成培训任务，容易形成超负荷运转，师资难以将日常生产与培训平衡，进而影响培训质量。大部分兼职教师，不能做到从专业角度处理培训过程，无法在短时间内激发铁路职工专业技能潜力，有时因为自身岗位工作任务，难以将主要工作精力投入到职工培训中，造成培训质量不高，培训效果不理想。

3. 缺乏既有理论知识又有专业技能的“双师型”教师

铁路职工培训工作性质需要培训教师具备较强的理论授课技能和丰富的实践经验，即一方面应具有坚实的基础理论和专业知识，另一方面必须对现场知识有足够的了解，然而由于技术岗位、工作经验、所学专业等问题，年轻技术骨干缺少丰富的一线现场经验，而一些具有较强的实作技能、现场经验丰富的培训师资，年龄结构老龄化，缺少运用现代化教学设施的技能。造成具有较全面授课技能的师资匮乏。为了保证培训质量，只能在现有优秀师资中进行选择性授课安排，导致业务较为全面的培训教师任务繁重，不能将教育培训效果最大化，不利于职工培训师资队伍专业化的建设。而有部分教师授课能力难以适应现场需求，特别是难以适应目前工电供一体化、高速铁路发展、结合部等专业要求，重点专业人才缺乏，师资队伍规模明显不能满足近年来教育培训工作量逐步增大的需要。以上因素造成教学内容与现场需求的脱节，不利于职工实践应用能力的提升，影响了教学效果。

4. 培训师资管理机制不够健全

加强培训师资队伍建设，提升职工培训工作，需要健全完善的制度和科学合理的机制来保证。站段师资多为兼职，日常由所在车间、科室进行管理，职教部门对师资人员的管理大部分基于一些奖励性政策，在督促师资日常教学培训工作时，也只是简单监管培训任务是否在规定时间内完成，不注重培训质量和效果的提高。同时对培训师资现场实践的再教育，对理论知识掌握的再提升，都需要培训师资靠自我约束进行。培训师资的教学模式单一固化，没有系统性提升视野、层次、空间的途径，使得培训效果达不到预期，同时在操作技能培训上缺乏实践性，教学实验设施相对滞后，制约了铁路职工教育培训师资队伍的可持续发展。因此，职教部门需要制订切实可行、科学合理的管理制度，完善竞争激励机制，激励教师提高业务素质和专业技术水平，保证教师队伍的稳定和发展。

三、加强铁路职工培训师资队伍建设的对策

由于铁路发展越来越快，加上现代科学技术的应用比重越来越大，职工培训师资的知识储备必须要顺应时代发展要求，及时更新理论知识，提高实践能力，为职工队伍综合素养的提升提供强有力的培训保障。

1. 制订实施师资队伍建设的长期规划

坚持与现场同步、满足需要、适应发展、适度超前的原则，在师资的选聘过程中，严把师资聘任关，把师资队伍建设作为职工培训工作的重要任务之一，制订培训师资素质提高计划。从师资基本素质、业务标准、思想意识三个方面入手，选择有强烈的责任心和责任感，有良好的职业道德、文化素养和个人品质的人员，在各项先进典型、技术比武技术能手、各类培训中的优秀学员中择优选拔，优先选择在业务知识方面掌握原理、熟悉本岗位专业技能、并有教学研究和管理能力的人员，做到从源头把关，提升培训师资的选聘关。成立专门的师资队伍建设小组，负责教师队伍建设规划工作的落实与管理，落实师资培训计划，培养一批专业骨干教师，尽快建设起一支素质优良、规模适当、结构合理的“双师型”师资队伍。在师资队伍中建立定期培养制度，立足加强师资培训，实施人才培养计划，通过学历提升、现场调研、成果交流、外出培训等多种方式，按照“缺什么、补什么”的原则，提升师资短板，确保实现规划预定的各项目标。

2. 树立新型培训理念

在职工培训教学改革过程中，针对领导阶层而言，

需实现铁路职工教育工作的优化提升，将培训工作纳入管理之中，并建立师资轮换制度，建立师资库，对师资试行动态管理，按照择优入库、动态管理的原则，促进优质师资形成良性竞争。对培训师资来说，需充分顺应时代发展需求，积极探索新型的培训方式，实现培训质量以及工作效率的优化提升。对于铁路职工来说，要意识到职工培训的重要性，树立“比、学、赶、超”的良好竞争意识，切实提高职工对于培训学习的参与度。

3. 引导师资队伍向“双师型”发展

引导师资既能从事理论教学，也能从事实践教学；既能担任教学工作，也能担任专业技术工作。加大理论师资的现场跟班学习力度，通过现场学习，了解自身所从事的生产、技术、工艺、设备的现状和发展趋势，在教学中及时反映出生产现场的新技术、新工艺，在教学中做到与时俱进。鼓励师资队伍人员多参加科技创新项目，经过多种渠道的锻炼，促进师资提高自身的综合素质和业务能力。

4. 改进创新教学方式

培训教学改革要做到与时俱进，由传统观意义上相对单一的技能培训以及知识补充，转变为对职工知识能力以及创新能力、创新意识、经营管理能力等深化培养。探索寻求合理有效的短期培训教学方式，强化与各个站段培训部门的密切配合与联系，邀请兄弟站段师资授课，并将授课内容录制成教学视频，不仅可以用于师资的培训教育，也可以将授课内容转化为自身浅显易懂的 PPT 课件、图例与图表分析等更为清晰直观的内容。强化开展教学研究，深入研究软科学，实现新型课程资源的优化开发。基于现代化教学技术手段及设备，大力推行实验教学、点化教学。通过强化新媒体手段的运用，利用修旧利废、筹措资金等方式，建立教学录播室，与融媒体工作室合作录制一些视频课程片，如《道路交通安全知识》《防护员一日作业标准化》《钢轨焊接知识》等，讲解业务知识，依托手机报微信平台，上线“小新课堂”并定期发布，利用寓教于乐的形式，不断提升技术业务素质。

利用录播室进行视频课程讲解

5. 营造激励保障氛围

充分落实培训经费，实施师资的学习考核激励机制，配套对应的补贴制度及奖励政策，职教部门在征集车间班组的培训建议、做好培训需求调研的基础上，建立教材库，由师资编写完成，主管领导审核通过，发动师资为教材做贡献，制作一批针对性强的视频、幻灯片等多媒体教材教案，根据每部教材的质量、课时、效果展开评选，并给予 500~1 000 元不等的奖励。在兼职师资中要对先进典型进行积极宣传，评选“优秀兼职教师”，构建“使用与培训考核相结合，待遇与业绩贡献相联系”的激励保障机制，使师资凭借自身能力实现职业发展。

6. 细化日常培训教学

收集并分析培训需求信息，制订合理有效的培训计划，开展深入调研，对各个层次、阶段的职工知识结构细致掌握，切实了解学习需求，分析被培训人员的实际状况、培训目标、参培人员构成等，进行培训方式的选择。不断创新培训教学内容，因材施教，规划符合安全生产工作需要且与参培者能力经验相符的学习内容，真正激发学习内在需求。结合生产变化，及时调整具体培训教材，既要有适合各类人员统一的安全、业务等教材，又要有按不同能力水平、不同岗位编写的分类教材，从而实现分层次、分对象培训。

四、师资队伍建设取得的成效与未来发展方向

石家庄工务段的师资培养工作经过长期摸索，取得了一定的成绩。在今后的工作中，将继续做好以下方面。

1. 选才精准

选聘部分青年全国技术能手、全路首席技师等作为兼职教师，他们既在现场工作中是技术能手，同时理论知识也扎实，在员工培训中是教学专家，善于学习，善于沟通，能有效表达自己的观点，乐于担任兼职师资。工务段将在今后加强对这部分兼职教师的培养，加强他们教育教学的技巧，提高其多媒体课件的制作能力，做大做强兼职师资队伍。

（下转第56页）

浅谈如何推行“互联网+”职工培训新模式

◎崔 凯

围绕“三个世界领先”的奋斗目标，铁路总体技术水平迈入世界先进行列，高铁、高原、高寒、重载铁路技术达到世界领先水平，智能高铁技术全面实现自主化。随着新技术、新设备、新工艺、新流程的大量推广应用，必须建设一支知识型、技能型、创新型的高素质技能人才队伍。而从2020年初开始，新冠疫情蔓延，给职工培训工作带来了一些不利因素。为做好疫情防控常态化下的职工培训工作，“互联网+”职工培训新模式（以下简称“线上培训”）成为破解这一难题的“金钥匙”。

一、线上培训的优势

1. 统筹疫情防控和职工培训工作

职工的生命健康、身体健康，永远是企业的第一责任。疫情期间不能集中组织线下培训，既是国家有关组织和部门的明确要求，更是铁路企业不可逾越的“底线”和“红线”。而线上培训能够打破时间和空间的限制，铁路企业可以组织职工分散在家或根据实际需要选择学习地点。把新技术、新设备、新工艺、新流程等“四新”知识，调图、冬培、劳动安全等一些季节性安全知识，以及职工急需补强的岗位技能薄弱项点，及时教授和传递给职工，保证应培必培、急培必培，筑牢安全生产“人防”体系。

2. 统筹企业人力培养和职工培训需求

线上培训能够把企业人力资源培养需要与职工成长成才需求更好地统一起来。线上培训平台一般都可实现培训工作的数据化、电子化、智能化管理，企业可以通过大数据分析技术，更精准地找出职工岗位技能的共性需求和个性“短板”，服务培训管理决策，有针对性地制订好培训计划和课程安排，明确学习导航“地图”，并可以充分利用线上培训的直播授课和录播授课两种功能。针对必须统一集中组织的线上集中脱产培训，可以组织职工按照规定时间，参加直播授课。其他培训，职工可根据自身实际需求，利用通勤、上下班或茶余饭后等时间，自主选择学习的时间，有效缓解工学矛盾。同时，职工根据自己的需要安排学习顺序，对于需要重新学习的内容，可以完整地进行两次学习、三次学习，“私人订制”培训课程，不断提升培训的针对性和实效性。

3. 统筹培训效率提升和成本控制

线上培训可以让更多的人受益，不受场地、设备、成本、管制的限制，可以有效突破大部分线下培训人数难以逾越200人的难题，让更多的学员享受到优秀教师提供的优质服务。线上培训具有开放的答疑环境，职工可以随时留言给授课教师，上传自己困惑的知识点，强化知识的消化和理解。同时，可以节省线下培训所需的场地费用、教师和学员的食宿和交通等费用，极大地节约了企业的培训成本支出，让企业可以腾出更多的人力、物力和财力，集中抓培训质量和基础性建设，提升培训效果。

二、线上培训亟待克服的困难和不足

1. 亟待解决培训组织问题

职工培训工作不能只培数量、不求质量。线上培训作为一种新兴培训方式，培训质量和效果需要进一步检验。如何建立线上培训管控组织体系、制度体系和管理体系；“哪些项目、哪类群体、哪个年龄段”更适合线上培训；如何做好线上培训与线下培训分工；如何通过线上与线下有序衔接、深度融合、互为补充，来不断提升培训质量和效果……这些都需要职培部门把问题当课题，不断地实践和探索，逐步完善，总结提炼，从而更好地服务于教学工作。

2. 亟待解决教学管理问题

学员管理一直是线上培训的“痛点”和“难点”。线上培训的内容和进度不能够由培训单位和授课教师把控，学习者若对学习内容缺乏兴趣，很容易离开组织者和教师的监督，学员监督管理难度较大。受空间限制，教师不能手把手辅导，学员也不能较好地观察和体验教师传授的技能，开展实作性培训较为困难。同时，由于缺乏有效的监督手段，线上培训考试的质量也有待进一步检验，无法较好地展现学员的学习成果。

3. 亟待解决基础保障问题

线上培训与线下培训具有一定的差异，急需建立一支高素质、专业化的师资团队，来承担授课任务；急需有一套成熟的培训流程，来保证培训工作的有序开展；急需开发大量的电子化教材、课件、视频和“微课”等，来支撑和辅助职工的日常学习要求。同时，网络安全问题也必须认真对待，杜绝涉密信息的外传，杜绝庸俗低级信息的传播，加强运维管理。

三、推行线上培训的建议

新冠疫情成为线上培训的催化剂。面对职工培训信息化、数字化、智能化发展的大趋势，围绕新形势、新变化、新要求，铁路企业要大胆创新、主动适应，发挥“数字职教”新优势，来不断助力企业高质量发展和职工成长成才需要。

1. 健全工作机制，不断完善职工培训制度框架

（1）完善组织领导机制。把“互联网 +”职工培训新模式作为铁路企业职工培训创新发展的突破口，完善职工培训体系。要健全培训责任体系，明确各层级、各部门的主要领导、分管领导的职责，明确职工培训部门、专业管理部门和其他有关部门抓线上培训的责任，推动形成权界清晰、分工合理、责权一致、运转高效的体制机制。要建立健全线上培训的平台建设、师资培养、教学教材、安全管理等标准，理顺流程，规范管理。要完善工作组织协调机制，把线上培训工作作为职工教育委员会例会的一项重要议题，用好这个平台，研究解决线上培训的重要问题，协调推进重点工作，促进线上培训良性发展。

（2）建立平台运维机制。互联网学习平台高效、稳定、有序运行，是满足职工学习需求的基础和保障。要建立一支平台管理员队伍，负责学习平台的日常运行维护。建立人员选拔制度，管理员必须具备一定的计算机操作能力，队伍应保持稳定，保证管理工作的连续性。要建立人员培训制度，组织管理员定期进行学习平台维护、操作技能培训，保证熟练掌握相关知识和操作技能。要建立“持证上岗”制度，对管理员进行学习平台操作知识考试。对于培训合格人员，下发“培训合格证书”；不合格的要严格执行退出机制，保证平台管理员队伍的专业化程度。

（3）建立安全管理机制。安全管控到位是推行线上培训的第一前提。要建立作业安全制度，明确职工严禁在作业期间利用手机等移动设备学习、答题。要建立信息安全制度，明确管理员用户名和密码要专人专用，不得私自将职工用户名和密码，以及职工个人信息向外发布。要建立网络安全制度，严禁“一机两网”，互联网和局域网必须物理隔离。要建立保密安全制度，明确所有涉密信息不得上传网络平台。同时，不得利用网络制作、复制和传播、发布反动、迷信、暴力、恐怖内容，以及违反国家法律法规的信息和言论。一旦发生上述问题，要发现一起、处理一起、警示一片，做到重拳出击、整治到底、震慑到位，坚决守住职培工作的“红线”“底线”。

2. 推动改革创新，不断改进培训组织模式

（1）优化培训计划组织。线上培训不是“万能”的，线下培训仍将是做好疫情常态化防控前提下的重要培训方式之一，对实作性培训具有不可替代的作用。因此，线上培训和线下培训要均衡发展、互为补充。针对线上培训推广应用实际，要合理确定适用范围，坚持实际、实用、适合原则，广泛征求职工、基层和业务部门意见建议，不搞“一刀切”，稳步布局推进。要合理制订培训计划，做好组织分配和职工自学等各层级的培训任务与分工，保证培训内容能够得到有效落实。

（2）主动变革培训方式。创新是引领发展的第一动力。针对线上与线下教学方式的差异，要前置培训需求调查，培训开始前，由送培单位提前摸清参培职工的培训需求，并向培训单位提报本单位的送培目标和职工个人的培训需求。要强化职工培训前自学，培训单位要利用学习平台提前下发电子化培训资料，组织学员自学。要开展摸底考试，在正式授课前，由教师针对授课内容，提前组织培训前测试测验，掌握学员自学情况。要优化课程设计，一是共性需求，纳入教学课程；二是个性需求，答疑辅导，不断提升课堂教学的针对性、实效性。要改进课堂教学方式，把课堂搬到实训场，边演示边讲解，推动理论教学实作化；多增加一些案例教学、视频教学、模拟仿真教学

等多元化教学因素，解决好学习方式单一枯燥的问题。

(3) 推行学员“双重”管控新方式。学员管理是线上培训的最大难题。要加强集中脱产培训学员管控，由培训单位承担培训的主体责任，指定班主任负责培训期间学员的纪律、考勤、考核和日常管理；由送培单位（车间）承当培训的协管责任，协助培训单位做好学员管理，负责提前组织学员熟练掌握线上培训学习的操作方法，抽查学员遵守纪律和安全规定等情况。要加强课堂教学管控，授课教师应采用点名、签到、互动答题、学习状态监督等有效手段掌握学员学习情况，防止挂机，保证真听真学。要组织学员签订“线上培训承诺书”，明确学员管理的规定、禁令和考核办法。要严肃违纪学员处理，对于集中脱产办班，累计旷课达到规定学时的，要给予退学处理；对于日常性培训，无故外出、上岗作业的，要取消考试资格。采取合理合规的惩戒性措施，提高违规违纪成本，震慑违规违纪行为。

(4) 完善培训考试考核。要把课后作业成绩纳入培训结业考试成绩，让学员养成对当天所学知识及时回顾总结的习惯，让老师更有针对性地开展教学辅导。要推行课堂测试，在受众广、周期长的培训班中，适度开展课堂小测，并把成绩纳入结业考试成绩，解决部分学员不注重日常学习问题。要推行重点培训项目“线上培、线下考”制度，对于“三新”人员资格性培训、“四新”知识培训，以及春（暑）运、防洪、劳动安全等重点培训项目，由培训单位统一组织线下考试，检验培训质量效果，杜绝培训弄虚作假问题。

3. 厚植发展基础，不断提升培训服务保障能力

(1) 建设高素质专业化的师资团队。师资是培训工作的最基础要素。要抓好师资选聘，让线上教学能够最大限度地保障优秀师资授课效率最大化；要选用思想过硬、业务精湛、懂教学教法的教师，统筹建立师资库，保障效能效用最大化。要抓好师资教学模式转变，指导教师主动适应线上教学新模式，完善教学设计和课件制作，调整固有授课方法，钻研线上授课技巧，加强线上与学员互动和学习状态监督，提高学员的参与度与授课效果。要加强师资培训，有针对性地组织教师学习线上授课的基本知识，使其熟练掌握课件上传、直播、互动、考试和评估等常用功能，提升培训效果。要保障师资待遇，直播授课按总课程时长据实支付讲课费；制作并上传学习平台的课程、课件和题库，按标准支付教辅开发费用，激励教师的积极性、主动性和创造性。

(2) 加强培训资源建设。要认真做好线上培训需求调查分析，根据职工多样化、多层次的培训需求，设计培训内容，加强培训资源推送供给，为职工自主学习提供保障。要共建、共享、共用教材课程，统筹优秀培训师资，由培训组织部门统一制订开发计划，明确各层级的开发任务与分工，提高开发质量效果，避免重复开发、重复建设、资源浪费。要严格培训内容发布，建立审核流程，明确审核责任，保证发布培训内容的专业性和权威性。同时，要清晰划分培训内容发布的边界，保证发布给不同单位、不同职名、不同职工的培训内容，不能相互交叉干扰，保证职工学习的准确性、便捷性。

(3) 大力推广应用。要定期分析线上培训情况，做好应用的跟踪、统计和汇总工作。要制订关键性考核指标，如职工登录率、上线学习累计完成的课程总数、人均完成学时，以及单位上传课程数、组织考试、组织练习等，并将完成情况与使用单位的工作绩效考核连挂，采取硬性措施，强力组织推广应用。同时，抓好典型引路，对于一些好的做法和典型经验，要选树标杆、培育亮点，利用各类会议、办公网、新闻媒体和专业刊物等，加大宣传力度，弘扬正能量，提升影响力，不断推动基层线上培训工作向标准化规范化看齐。

四、结束语

“互联网 +”职工培训新模式，既是疫情防控期间的应急之举，更是缓解工学矛盾、解决师资力量不足、拓展培训手段、满足职工多样化培训需求的探索之举。今后，以信息化、数字化、智能化手段，提升职工培训工作实效性，将是铁路企业职培工作的一个重要举措，需要职培部门进一步研究运用。通过不断实践、总结和提炼，健全培训机制，创新培训方式，夯实培训基础，就能够走出一条职培工作高质量发展的新道路，培养造就一支知识型、技能型、创新型的职工队伍，为铁路企业实现“三个世界领先”奋斗目标提供强有力的人员素质保障。

（作者单位：中国铁路哈尔滨局集团有限公司职工培训部）

"直播+录播"线上教学方法在班组长培训中的应用

◎崔捷晴 许冰 尹楠

天津铁路专业技术服务中心（以下简称中心）承担着北京局集团公司工务、电务、供电系统拟任班组长岗前任职资格培训任务，各站段由于新线开通、部分人员工作调整等原因，对此项培训有着巨大的需求。如何在疫情防控常态化的要求下做好此项培训工作？中心经过多次研讨培训方案，最终确定了利用"腾讯课堂"网络平台直播培训的方式实施拟任班组长岗前任职资格培训，在培训期间创新使用了"直播＋录播"的教学方法，很好地完成了培训任务。

一、拟任班组长岗前任职资格培训"直播＋录播"教学方法的确定

在传统的面对面授课模式中，教师可以通过语气、声调、眼神、肢体动作等方式来进行互动，从而让学员听课更加专注，学习更加积极主动。而网络线上教学属于虚拟教学环境，老师与参培学员并不能面对面进行直接交流，学员面对"一块屏幕"，缺少教师的监督，如果学习自觉性不够，线上教学学习效果就会大打折扣。要想顺利地实现从教室授课到网络线上授课的转变，让学员获得良好的学习体验，取得满意的培训效果，选择一种适合拟任班组长岗前任职资格培训的教学方法显得尤为重要。

通过对比多种网络培训平台，最终确定了采用"腾讯课堂"网络平台直播培训的方式实施拟任班组长岗前任职资格培训。该平台用户基数大，稳定性好，被很多学校和培训机构所使用，具备了签到、互动、答题等功能。确定好网络平台后，又积极探索相应的教学方法以适应网络培训的需要。中心组织各位任课教师进行协商，就线上教学如何确保课程内容的正确性与规范性，如何增加上课时的互动性与灵活性等问题开展讨论，各位教师积极提出意见与建议，最终确定"直播＋录播"教学方法，即上课前各任课老师认真准备相关网络培训课程，利用视频软件，按照规定要求将所任课程录制成视频课程，经中心审核通过后，培训期间由任课教师在"腾讯课堂"网络平台上使用所录制的课程进行直播授课，关注讨论区，随时进行答疑或进行互动。

"直播＋录播"教学方法的优势在于，任课教师录制完视频课程需要经过层层审核，查找课程中存在的不足，积极修改并完善，完善后的视频课程再在网络平台进行直播，相比较于在网络平台直接讲授课程，实时直播的授课方式使课程更为规范与严谨；任课教师全程盯控直播过程，随时进行答疑，发布测试题查看学员掌握情况，解决了网络培训互动效果差、不能实时答疑、互动反馈信息相对滞后的问题。

二、"直播＋录播"教学方法实施所面临的问题与挑战

"直播＋录播"教学方法确定之后，为确保其能顺利实施，需突破以下几方面问题。

1. 课程内容需进一步充实、完善

拟任班组长岗前任职资格培训课程当中管理类课程较多，老师们在面授过程中或多或少都会与学员进行互动，以活跃教学氛围、提升学习兴趣并增强教学效果。然而，网络培训课程在互动性方面存在很大不足，导致之前课时满满的课程，因为少了与学员的互动，只是教师单独讲解，到了录制课程时可能就会出现"缩水"，从而造成课时不足。任课教师需充分考虑到课程的内容问题，依据教材及集团公司相关文件要求，进一步充实课程内容。

2. 教师信息技术水平需尽快提升

(1) 利用视频制作软件录制课程的能力需提升。有些教师在使用视频制作软件录制课程时，引用的视频素材像素分辨率较低或教师出镜画面模糊、造成画面观赏度不佳；讲解与课件展示不同步；分多次录制课程，导致整个课程声音效果前后不一致；视频剪切技术不过关，造成课程播放时讲解不连贯、卡顿等现象。

(2) 利用网络平台线上授课能力需提升。多数教师未经历过网络课堂，不太懂在线教育技术，在边学边做中难免会遇到各类问题。如使用网络平台技术不过关，在上课时无法完成与学员的互动，视频播放不畅，使用发布测试题功能不熟练，无法收集学员反馈等问题，上述情况都会影响学员的学习效果，影响教学质量。

三、"直播 + 录播"教学方法的应用

面对困难与挑战，中心教师迎难而上，进一步完善充实课程内容，积极探索学习，提升自己掌握应用信息技术的能力，转变教学思维，尽快地适应新的教学模式，践行网络课程培训"直播 + 录播"新的教学方法，具体实施步骤如下。

1. 完善网络培训课程内容，丰富课件展示形式

(1) 充实课程内容，把握课程节奏。为避免发生课程录制课时不足的问题，在录制视频课程之前，各位教师认真梳理课程内容，让课程内容充实、充足，原来的面授互动环节采用了增加案例讲解或视频讲解的方式，在课程中多增加练习题，进一步帮助学员巩固学习效果，均满足授课课时的要求。在录制时既没有为了"凑时间"语速过慢，也没有为了"赶时间"语速过快。语速过慢会让学员感觉拖沓，无法调动情绪；语速过快则会让学员感觉紧张、劳累，也不利于知识的学习。

(2) 丰富讲授形式，增强课程趣味。当前班组长任职资格培训学员大多数在二三十岁的年龄阶段，思维比较活跃，更喜欢接触新鲜事物。在课程讲授过程中，各位老师避免采用单一画面，在授课的形式上更加开放与多样，避免学员出现走神现象或对课程产生厌倦心理。在课程的制作过程中，一是制作了色彩对比鲜明的幻灯片，漂亮的幻灯片能够吸引学员的听课注意力，比如添加了一些形式多样的切换效果和动画；二是增添了生动的视频课程，视频讲解更能够吸引他们，能将他们的思绪完全代入到所讲解的内容当中；三是采用教师与幻灯片交替出现以及讲解时不断有文字、图片等辅助表现形式来展现授课内容，多样的表现形式使学员易于理解内容，并可以饶有兴致地继续学习。因此，每位老师在制作课程时，不断学习多媒体课件制作、微课制作知识，并能够熟练运用相关软件和辅助设备，提高了网络课程制作的能力。

2. 进行网络培训课程录制，编辑生成课程视频

(1) 选择合适软硬件进行课程录制。课程内容充实完毕，就需要进行录制。目前视频制作软件众多，如"会声会影""Sony Vegas""Edius""Camtasia Studio"等软件。教师们选用"Camtasia Studio"软件较多，在制作过程中，积极主动学习，边学习边实践，相互探讨，及时解疑。一般采用笔记本电脑进行录制，因笔记本电脑自带摄像头像素不高，在录制老师出镜的画面时，均选择了分辨率较高的外置摄像头。课程制作过程当中根据需要，认真核对讲解内容，对视频进行一定的剪切与编辑，并保障了前后内容的衔接流畅，画面无跳跃感和卡顿感。在生成视频课程时选择了 1080P 画质，是符合播放清晰度要求的。因为目前电脑、手机、电视以及投影等分辨率是较高的，如果低分辨率视频资源放到高分辨率屏幕播放，看起来会有较严重的模糊感，画面效果不佳。画面的清晰度对于网络授课教学至关重要，因此录制的视频课程必须保证画面清晰。

(2) 确保音频效果前后统一。大部分老师在录制视频课程时均一次性完成，很好地保障了音频效果的前后统一。个别老师由于工作原因不能一次性完成，但也基本保证每次录制时所处的地点、环境一致。比如，录制时在同一教室的同一位置，每次录制时收音话筒是相同的，且话筒间距离的远近相同，讲课时的语速也基本相同。在最后生成正式视频之前利用软件本身的降噪功能对音频进行降噪，然后播放预览一遍，发现音量大小不一较为明显时，采用软件自带音量调节功能进行调整，保持前后声音的一致性。

(3) 确保出镜效果统一。拟任班组长岗前任职资格培训是严肃的，教师的授课着装一定程度上代表着老师的形象和对教学工作的态度，各位教师录制课程时均统一着铁路工装制服，身后为白色背景墙，录制课程时光线自然柔和，出镜标准肘部以上，露出肩膀，

注重妆容，不佩戴首饰。出镜画面的大小约为整个画面的1/12左右，并放置在屏幕显示位置的一角，不遮挡授课内容。

3. 利用“腾讯课堂”网络平台对录播课程进行直播

培训时，由各任课教师在创建的班级课堂上直播所录制的课程视频，并进行全程盯控，按照课时要求组织学员上下课。在上课过程中，任课教师密切关注课堂讨论区，如学员有疑问，可以随时暂停课程进行答疑，也可以一节课结束后，询问学员掌握情况，集体答疑；课程中通过平台互动功能，教师可以根据讲解进度，设置测试题，发布后查看学员对知识的掌握情况。若播放过程中网络出现故障，可随时联系班主任进行处理。

四、网络课程培训“直播＋录播”教学方法的实施效果

经过不断的探索和实践，中心职工培训部组织各任课教师积极完善课程内容，应用软件进行课程录制，学习“腾讯课堂”网络平台授课操作方法，熟悉课件演示、视频播放、教师出镜、考勤管理等各个环节的操作，采用“直播＋录播”教学方法组织培训。经过后期对培训质量的问卷调查，学员反馈良好，对培训效果感到满意，在培训实践上取得了很好的教学效果。

1. 扩展了培训的组织及授课形式

为了保证学员能够按照要求认真进行学习，中心采用各参培单位自行管理学员、中心在“腾讯课堂”平台集中授课、中心教师去各参培单位进行巡考的培训组织形式。为了能够保障更好地进行交流，中心与站段各班主任以及班级学员分别建立微信群，及时进行答疑解惑、发布相关要求。所以，在这种培训模式下，专服中心扩展了培训组织方式，各任课教师丰富了自身的授课形式，不仅面授教学游刃有余，而且线上教学也手到擒来，大大增强了培训在各种情况下的适应性，圆满地完成了多期拟任班组长岗前任职资格培训工作。

2. 提升了教师的在线教学能力

现代信息技术已经为线上教学提供了充分可靠的技术保障，但由于受传统面授教学观念的影响，教师们主动适应信息化、人工智能等新技术的变革，积极有效开展多种教学形式的动力不足。这次疫情带来的现实困难，让各位任课教师走出了以往的“舒适区”，不得不学习线上教学以及网络视频课程制作所需要的各种技能。

在线教学需要运用网络教学平台，并制作网络教学视频及课件。因此任课教师要熟悉网络教学平台的功能及相关操作方法，并根据平台的特点，制作或修改符合网络教学的多媒体课件，录制适合网络教学播放的视频。在一系列工作的背后，是各位任课老师对相关软件及制作方法的学习，这不仅增强了教师的教学能力，还为进行线上教学打下了坚实的基础。

3. 推动了线上视频课程有效性的研究

进行线上教学并不是教师的独角戏，教师直播授课时，通过测试与提问，不断活跃学员的思维，增加课堂的实效性，通过课中的有声示范实践与情感交流，在教师与学员有效互动中提高教学效果。通过学员反馈，中心教学工作也及时进行调整，如教师讲解不要过快，要适合多数学员的理解，学习才能得以消化，学习中应有练习，才能对所学内容加以巩固等。

由于首次进行尝试，难免在实施的过程当中存在着一定的不足或问题，针对前期暴露出的问题，中心各任课教师坐在一起进行总结研讨，从设备设施的配置、软件的选择、制作的步骤、出镜的要求、学员互动等各个方面寻找最佳解决途径和方法，在增强教师教学能力的同时，也优化了教师之间的学术研讨氛围，为之后教学工作更加高效、优质起到了很好的推动作用。

五、结束语

通过2021年的教学实践，中心得到了很多启发，新时代的教师必须在实践与研究中学会转变与创新，勇于挑战与完善自我。一堂高质量的在线视频课程，离不开教师的信息化素养和在线教学能力，离不开教师的教学实践与主动成长，绝不是一蹴而就的。

职工培训要不断提高教学信息化应用水平，发挥线上教学优势，不出门就能实现资源共享。因此，中心要开发好网络培训课程，发展好网络培训教育，以学员为中心，以教学为根本，不断丰富教学培训组织形式，优化授课方式，创新职工培训教育的模式。让网络培训课程、网络教育为铁路事业的发展添砖加瓦，为“交通强国、铁路先行”增加活力。

（作者单位：中国铁路北京局集团有限公司
天津铁路专业技术服务中心）

关于新职大专生接触网工实施精准培训的思考

○ 朱 颖 浩

铁路新职大专生作为职工队伍的重要补充力量，越来越受到基层站段的青睐，同时大专生入职后，存在着技能形成时间较长等弊端。为提高专业院校原来"2+1"（理论＋实作）培养模式中的实作教学，中国铁路郑州局集团有限公司提前介入，把技能培养模式逐渐变更为"2+1"（院校理论＋站段岗前实作）培训的模式，压缩岗前培训时间，提升了培训质量，加速构建学生独立上岗的快捷通道。本文以新职大专生接触网工岗位培训为例，提出了对实作技能实施精准培训的思考和建议，旨在通过一系列的改进措施，为铁路企业的人才培养注入新鲜的动力，实现企业发展和学院人才培养的双赢战略。

高职院校铁路专业的毕业生，是国家培养的具有较高理论水平的大专生，是集团公司职工队伍特别是高级技工的重要补充力量。集团公司一般在应届大专生毕业前，到设有铁路专业的高职院校进行招聘，根据专业与基层岗位需求是否相符的规定，实行双向选择后与毕业生签订就业意向。在毕业年度的7月，接到局集团公司通知后，新职大专生分配到相关站段进行教育培训，整体来看是为期一个月的针对入路入段、劳动安全及专业理论等内容集中培训，然后是四到五个月的师带徒实作培训，次年的1月或2月份通过定职考试及技能鉴定考试后上岗，存在着培训时间较长、技能培养针对性不强等实际情况。

一、当前高职高专毕业生岗前培训的弊端

1. 高职院校、用人单位、新职学生对焦的指向性较为模糊

高职院校推行的是以培养学生技术和操作能力为主的职业教育，受制于实训设备及理论脱离实际的现实，存在着重理论轻技能等情况。用人单位需要的是具有较高能力的技术工人，急需学生上岗后迅速顶岗操作，并力争在最短的时间内成为行家里手。作为学生，大多把拥有一份稳定的工作和收入作为首选，部分学生对岗位专业技能的兴趣追求不高或认为以后可以慢慢提高，由于指向性的焦点不统一，难以实现共赢。

2. 培训偏重于粗线条培训

原来的入职岗前培训，从培训大纲和教学计划上看，实作技能课时比例有了较大提高，但仍是粗线条的培训，结合现场岗位不够紧密、技能学习不够系统、毕业后分配岗位与培训学习内容存在一定的不一致，导致培训目标发生了偏差，延长了学生的学习时间，却难以提高培训效率。

3. 培训针对性不够突出

六个月的岗前培训，在站段或车间往往是多工种的集中培训，共性知识培训较多，如安全知识、安全操作规程、职业素养等内容，缺乏应急处置技能的学习，造成有些技能还需要学生到工区或班组后进行更进一步的培训，从而影响了技能操作的形成时间，并造成一定程度上培训成本的浪费。

4. 学生被动接受知识，主动性积极性不强

培训课程的设置、教学大纲的编制、实作技能的内容和岗位结合的紧密度不够，由于分配岗位不定，无法开展岗位技能调查，造成操作技能的培训内容不能完全契合现场岗位，降低了大专生技能素养的心理期望值，让不少新职人员形成了被动接受知识的心理，影响了学习的积极性和主动性。

二、"2+1"接触网专业定向式培养

1. "2+1"铁路专业定向培养的内涵

"2+1"铁路专业定向培养的内涵指集团公司提前

一年到高职院校招聘，根据集团公司提出的培养目标，由集团公司、高职院校共同制定人才培养方案，对被录用的学生开展岗前安全理论培训，完成所需的全部理论教学内容后，由集团公司统一安排安全、理论考试，并到预分配的站段开展实作培训和考试考核，毕业后直接上岗，大大缩短了新职人员的岗位适应期。这既是一项重大的用人机制改革和创新，也是进一步深化产教融合、校企合作的重要体现。通过校企携手，将学生培养成生产一线需要的专业融合型人才，通过培训完成专业理论、实作培训及技能认定，实现报到入职后即可上岗的目标。

2.“2+1”铁路接触网工定向培养具有的优势

一是提前熟悉现场设备的结构组成，缩短上岗适应时间。二是充分了解就业岗位技能需求，实践技能培养的针对性强。三是把握设备应急方法，增强应急处置能力。四是减少技能等级提升培训时间，有利于学生职业生涯的规划。

三、对“2+1”接触网工实施精准培训的思考

1. 体系框架要“新”

体系框架是指培训教学大纲和教学计划。培训大纲是课程设置的总体，它是教学计划的具体体现，也是编写教材的直接依据。教学计划是以纲要形式规定的指导性文件，统筹整个教学活动。因此编写时要重点突出“新”这个主题，一是结合铁路特有工种技能培训规范《接触网工》中的内容，既有培训规范中的内容，又有当前铁路技术工人考核鉴定和岗位达标的实践技能；二是同时兼顾铁路新技术、新设备和新工艺的发展应用；三是对培训学时的要求，可突破高职院校原定的实习学时数，进一步细化并突出实作培训项目。

2. 岗前调研要“准”

作为铁路新职接触网工，往往分配到供电段的运行工区、检测工区或维修工区，从事岗位性质不同导致技能培训的倾向性不同，如运行工区负责接触网设备日常运行管理，主要是一级修等，对接触网悬挂状态检测监测装置的监测数据进行全面分析；检测工区负责6C装置的运用、维护，并对6C系统检测数据进行分析，为设备维修提供依据；维修工区按照月度维修计划，负责接触网设备全面检查、综合修和专项整治等。因此根据岗位需要，应对学生预分配的车间或工区进行调研，搞清楚学生需要掌握哪些操作技能，以便做到有的放矢。

3. 实训讲解要“紧”

这里的“紧”指的是紧密贴近岗位技能、紧密贴近安全规范、紧密贴近技术标准，学生要实现毕业就能上岗作业，对技能的理解、熟悉和掌握至关重要。因此，教师在讲授时要做到逻辑清晰、分解到位、指导到位、安全到位，在技能训练中要体现“五合一”，即教师与技师的合一、教具与工具的合一、技能与鉴定的合一、实训与运用的合一、育人与培养的合一。同时，由于接触网的材质都是金属材质，在讲解受力问题时，金属的特点、金属疲劳、工程力学中的力矩分析和平衡条件等内容也要进行讲授，力争使学生掌握更多的专业基础知识。

4. 培训手段要“多”

(1) 搞好“一对多”实体式培训。“一对多”实体式培训是指传统的实训培训模式，即一名或两名实作教师对全体学生的技能培训，遵循入门指导、巡回指导、结束指导的培训步骤，提倡教师个人对实作技能的“首件必做”，按照首件必做、慢速分解、重点演示、分组定位、个人演练、教师巡回、个别指导、集中批讲、安全小结等针对技能知识的逻辑流程进行面对面的讲授。腕臂的组装是接触网工个人必备的操作项目之一，它要求在最短的时间内安全、准确地进行支持装置和定位装置的零部件组装，符合整体吊装前的要求。因此，应按照首件必做、慢速分解、重点演示、分组操作、相互监督的方法进行培训，针对不同定位的受力对安装尺寸的要求，除了上述方法外，还以课件形式发布于班级微信群里，让学生及时通过手机、笔记本电脑等形式进行学习，从而缩短实训时间。

(2) 搞好“一对一”实景式培训。“一对一”实景式培训是指学生在预分配的车间、班组根据“以师带徒”的合同，由师傅带领学生进行技能辅导，让教师根据当天运行工区发现的问题进行针对性培训，或者根据当天维修工区的维修项目进行专项辅导。此种技能的培训方法不仅包含理论分析，还可以手把手指导学生的个人专项技能培养，有利于开发学生的心智机能。比如在高空巡检培训时，基地把此项工作定位培养新职大专生运用专业知识发现和解决问题的能力，实行了“一对一”实景式培训，采用了实训教师与新

职大专生固定配合的形式，在空中边巡视边分析，对发现的问题及时指导学生做出必要的调整。

学生高空作业实训

（3）搞好“一对众”虚拟场景培训。受工作条件和设备工况状态的影响，有些实作项目不适合实体式或实景式培训，有条件的可实施VR虚拟场景式培训，它可以模仿设备的各种状态，提高学生对处置接触网设备的应急应变能力。比如设置接触网出现轻飘异物，影响机车受电弓运行和受流质量的工作状况，教师可利用VR带来的沉浸式体验带领学生分析轻飘异物造成的各种不良工况，并指导学生及时选择正确和高效的处置方法。

5. 实训方式要“搭”

实践技能培养是岗前培训的重点和核心，作为教师应了解生产实习教法，并能熟练灵活运用，结合不同教法的特点，制订出最适合教学效果的教法。常用的实习教学方法包括讲解法、示范操作法、指导训练法、讨论法、实验法、观察法、实习日志法、阅读指导法等，这些方法适用要求各异，可根据技能教学课题的深浅合理选择。比如在接触线导线接头制作过程中，可采用示范操作法为主的教学方式，同时辅以讲解法、指导训练法相结合的方式进行课题的分解演练，这样的培训方式方法很容易达到以点带面、以面带全的最佳培训效果。新职大学生由于对接触网岗位接触较少，结合接触网的主要设备又布置在高空，这给识别接触网零部件，特别是对相似的零件识别实训课程带来了一定的难度，基地综合运用了两种教法——观察法和讨论法，先以图片或视频方式进行结构展示，然后让学生通过观察说明零件结构的差异，并从机械受力和电流畅通角度展开讨论，同时查阅《电气化铁道接触网零部件设计与制造》等书籍，培养学生利用已有的知识分析进行思维发散的能力。

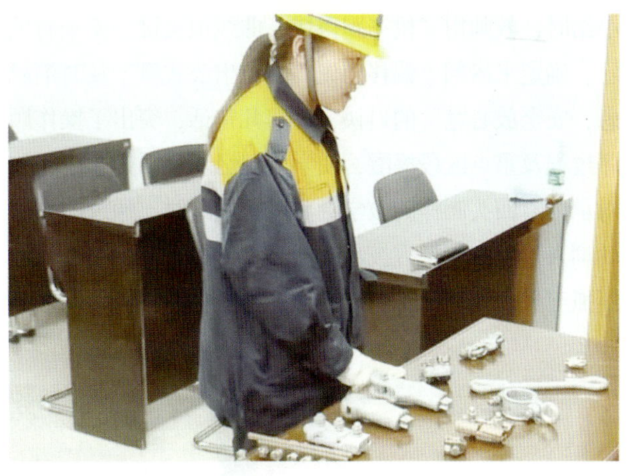
学生进行识别零件练习

6. 配套教材要“融”

教材是教学大纲的深化，是教师教与学生学的主要依据，技能培训的教材体现的基本思路是技能导向→科学分块→分布实施→综合运用，因此配套教材要体现出鲜明的“融”字。一是提倡技能操作培养的融合，实作技能分为个人单项技能、团体综合技能，教材在单项实作内容上要体现技术标准、操作步骤、安全要求、注意事项等内容；团体检修实作内容上体现检调标准、操作方法、故障处理、安全事项、检查反馈、应急处置等。二是理论知识中包括安全理论、基础知识、专业基础及综合运用、职业素养等内容。三是教材的印刷也要呈现融合的特点，比如知识点归纳采用书签样式，配套插图，知识要点的彩印或教学难点及重点有字号大小、字体粗细的差异，章节后印刷有鲜明的二维码，学生可扫码获取章节知识点的视频回放；计算机培训中开设AutoCAD知识的学习；加大对机械制图中的“三视图”知识学习和绘制的培训；细化优化对金属工艺学中的金属材质分析、疲劳分析等专业基础知识的学习；强调工程力学中对力矩、力偶矩平衡的条件分析和综合运用等。

7. 技能小结要“鲜”

针对不同的实作课题提前规划，制订详细的实训方案，实训中教学步骤和环节注意因势利导，强化归纳性语言的组织，力争发挥“点句成金”的警句作用。课前分析学生兴趣爱好，用“实训营养”满足学生的知识需求，每到进行一定的阶段或技能节点，都尽量用朗朗上口的比喻、类比、顺口溜或俗语等学生喜闻乐见的形式加以体现。如在讲授课题为拉出值的调整进行课堂

小结时，教师用“机车跑得快，曲线很关键；安全有风险，确定来研判；偏移要先算，拉出公式算；及时消隐患，安全放心宽”的口诀，寥寥几句话，突出了操作顺序过程及重点区段提醒，使学生记忆理解深刻。再比如对承力索回头制作的教学难点进行归纳时，通过一系列动词来帮助学生把握技巧的全过程，“一穿二量三脚踏，四抓五握六制作”，六个鲜明的动词统领技巧。当讲到用游标卡尺测量接触线磨耗高度时，力求提纲挈领，抓住操作要点，以“推、读、找、乘、加”五字诀的形式来总结测量方法。从某种意义上来说，学生能牢牢记住关键要领就是一堂成功的实作技能培训课。

教师演示游标卡尺的使用

8. 梯次培训要“有”

针对不同学生层次的要求，培训中适当开设高级工培训课程（含初级、中级）、技师培训课程、高级技师部分基础实训课程等，满足部分学生对专业技能的个性要求，尽力打通学生向上发展的通道，为培养企业工匠或者大国工匠奠定基础。

新职大专生接触网工实施精准培训，既体现了以人为本的育人理念，也体现了校企双方精心、精确的合作培训态度，它不仅提升了前置培训的效率，更为未来高职院校向企业输送合格的技能人才创造了有利条件。相信随着企业对岗位技能对接的不断优化，一定能为集团公司提供更有力的人才支撑。

（作者单位：中国铁路郑州局集团有限公司
洛阳职工培训基地）

（上接第46页）

2. 制度精准

2021年石家庄工务段针对兼职教师建立每季度集中脱产培训制度，落实真培训，不走过场，以达到逐步提高的效果，并建立半年总结考核制度，加强考核与调研，确保师资质量。

3. 管理精准

通过年初开展培训调研，掌握每名兼职教师的能力与水平，在职教工作会议上认真讨论制订教学目标，通过评先、晋级、奖金提升等有效措施激发兼职师资主观能动性，促进兼职师资培养工作的深入开展。

4. 使用精准

兼职师资作为技术骨干首先要做好自己的本职工作，在生产一线的关键岗位，特殊时刻要把持得住，处理得了；要把这些有能力的师资解放出来，让他们培养更多的技术能手，企业才能持续发展，体现出新的活力，要善于发挥师资的特长和亮点，做到物尽其用，人尽其才。

首席技师（兼职教师）指导职工现场操作

五、结束语

师资队伍的培养是一项长期且艰巨的工作，工作在生产一线的员工，想要成为一名合格的兼职师资，培养过程是漫长的。在此过程中，职教科一定要充分利用兼职师资有限的时间，精准施教，不能放任自流。同时要善于培养、敢于使用，使兼职师资做到教学相长，以点带面，整体提高。要有攻坚的意志，精准掌控，从而把铁路员工的培养工作推向新的高度。

（作者单位：中国铁路北京局集团有限公司
石家庄工务段）

关于如何切实开展精准培训中实作项目的实践与思考

◎ 张 会 娟

近年来，随着郑州“米”字形高铁网络持续完善，高铁运输保障能力持续增强，对高铁运行品质和安全可靠性提出了更高要求，从而对铁路职工业务素质也提出了更高要求。如何适应企业快速发展需要，培养出合格的技术工人是当前的一项重要任务。基于此，中国铁路郑州局集团有限公司主动适应形势变化，及时转变工作思路，提出“5020”的精准培训模式，即推行“50道理论题+20个实作项目”日常培训演练的培训模式。为了落实实训项目，集团公司提出了到2021年底前建设完成128个与实训项目相匹配的车间实训演练场的目标。如何将实训项目在建设好的实训场地落实是当前亟需解决的问题，经过调研，对以下几个方面进行了思考。

一、实训场功能准确定位

集团公司在各专业推行的“5020”精准培训模式，就是挑选出各一线工种必须掌握的、与日常工作有直接关系的最基础的50道理论题和20个实作技能培训项目进行训练。该培训模式是夯实职工培训基础、提升培训实效的有力举措。为实现训练目标，避免对日常运输生产的影响，在2020年，集团公司要求各个专业都建立实训场，通过在实训场的训练来提高职工的职业素养和实际操作能力。面对“实现20个实作技能培训”这个新要求，128个车间实训场按要求建立起来，从20个实作项目中选取至少2~3个项目纳入每月一练及技能练功比武等，实作抽考逐人逐项进行并填制实作项目考核鉴定表，确保年度内20个实作项目人人过关。

按照要求，20个实作项目要突出职工安全生产必须掌握的基本技能，要突出实际、实用，必须精准到工种（岗位），列出实训科目清单和鉴定标准，便于站段、车间、班组组织学习和日常演练。目标很明确，但实训项目种类很多，有个人项目和群体项目，有单项技能和综合技能，另外由于条件限制，实训场不可能面面俱到，在这样的情况下，如何落实20个实训项目需要认真思考，统筹规划。实训场地是实训教学过程实施的实践训练场所，其基本功能为完成实训教学与职业素质训导、职业技能训练与鉴定的任务，并逐步发展为培养高等技能人才的实践教学、职业技能培训、鉴定和高新技术推广应用的重要基地。

二、实作项目的分类归纳

实训场建设好后，就要将实作项目一一落实，需要思考采取什么样的实作方案及途径来实现这些目的，需要了解有哪些实作项目，这些实作项目之间又有怎样的联系等，只有弄清楚这些，才能有计划、有目的地去落实。就目前情况经分析来看，实作项目有以下分类。

1. 工机具使用——训练职工的单项技能

这是对最基本操作技能的训练，首先对实作项目进行分类，分为单项作业和综合作业。单项作业指一人能独立进行的，由两个及以上单项技能组合而成。综合作业需要多人配合一起完成，由两个及以上单项作业组合而成。各项作业经分解后的单项技能的训练，包括常用工具、检测工具、机械工具、小型及中型养路机械的使用等。这些看似简单易学，但如果不按照标准规范动作来练习，会给以后带来隐患，所以一定要严格要求，加强指导，熟练规范操作，打好基本功。只有更注重职工单项技能的考量，才能为单项作业的顺利完成打下基础。例如杠杆叉，首先要了解用途、使用方法和注意事项，学会使用，其次要熟练地使用；而熟练使用就需要在实训场进行反复规范性的训练，最后还要通过捣固作业和更换轨枕作业来检验。这些最基本的操作技能最好集中培训，单独练习，但对熟练程度的要求一定要高。

工机具使用——轨距尺检查线路

2. 单项作业——掌握日常作业程序、安全要求

对于单项作业，仅仅依靠个人就可以独立完成，但每个人都有自己的认识和理解，一般情况下，让不同的人来做同一项工作，所采取的作业方法和作业顺序也不尽相同，这中间不单反映了个人的理解，同时也反映了个人的生活和工作习惯。但对于单项工作来说，一定存在一个对大多数人来说都最合理、高效、安全的作业方法，将这个方法固化起来，就是常说的标准化规范化，也叫“作业指导书”。要通过实训把职工日常的习惯修正到所要求的标准作业流程上来，并达到烂熟于心、形成条件反射的实训目的。

单项作业技能的提高是为综合作业服务的，所以在实训时，尤其要注意单项作业技能的训练，即要把综合作业合理分解成多个单项作业，对每一项单项作业进行有针对性地训练，这样才能在整体上提高作业能力。

单项作业——起打道钉

3. 综合作业——训练作业班组各成员间的协调组织及配合能力

在日常工作中，很多工作都不是单独作业，需要有一个合理的劳动组合来共同完成，这期间作业人员合理分工、默契配合尤其重要。相对固定的班组成员在日常工作中对彼此比较了解，可根据不同特点分配不同工作内容，然后在实训中培养相互配合的默契程度，最终达到在作业中，通过成员之间的一个动作、一个眼神其他成员就明白其中含义的程度。

4. 三新知识——新技术、新设备、新工艺的使用训练

随着铁路企业快速发展，目前新技术、新工具、新设备不断涌现，为了让操作人员尽快熟悉新技术的应用，又要在不影响正常运输生产的前提下，只能在实训场完成这个熟悉过程，并在实训场训练过程中找到最为合理的使用办法及作业方案，形成新的作业流程，最终固化为作业指导书。

对于作业中一些新的工艺，一定有与目前的作业方式方法存在不一致的地方，如何把原来固化的作业习惯转变到与新要求一致的作业方法上来，也是实训的目的之一。通过分析，可以找到原工作方式方法与新工艺之间存在的变化，针对变化，着力解决变化点，把新工艺合理地融入到既有的作业程序中，使之重新组合为一体，通过实训实现新工艺与日常工作的充分融合。

5. 故障处理——针对问题寻找解决办法

对工作中曾经出现的故障问题在实训场中进行实景重现或者模拟，强化分析问题和解决问题的能力，

找出故障原因，制订出具体的解决方案，并固化作业流程，形成作业指导书。

6. 技能鉴定——对每个员工的技能水平进行客观评判

反复实作训练后，通过技能鉴定对班组中每个成员进行客观评价，明确各员工在一个集体中的技术层次和技术优势，找到合适的作业配合方案及替代方案，在实际作业中形成相对稳定的作业岗位，最大程度实现施工作业各环节的充分衔接，同时这种评价也可作为员工技能等级奖惩的权威依据，比如“星级职工”评定的主要依据就是要突出实作技能考核鉴定。

三、如何落实实训项目

不同的实作项目，需要有不同的实作途径和实作方法来实现，也就需要制订不同的实作设计方案。要切实落实实作项目，需秉承以下原则。

1. 化繁为简、循序渐进

不管是单项作业还是综合作业，都包括了大量最基础的技能，比如工量卡具的使用，这些技能看似简单，但多数人没经过正规培训，做起来并不到位，严重影响了实作质量和效果。例如道尺的使用，在很多作业中都要涉及，要想快速测出准确结果，离不开规范操作和反复多次训练，最终才能实现个人实际操作能力的提高。因此在实训中，应更注重于职工单项技能的考量，本着“打基础、利长远”的思路，以提高铁路最基本的通用实作技能为出发点。通过对各项作业分解后单项技能的训练，先实现个人单项技能的全面达标，再达到综合作业的熟练掌握。车间训练可以根据统一定下的训练基础模块，结合车间的实际情况，制订训练计划和方案，统一培训后，个人结合自身实际选择时间反复练习，当达到训练目标后个人提请技能单项考核，经考核达到标准后登记销号，以此实现逐人逐项单项技能的全面达标。车间在具体训练时需要定出具体的训练目标，考虑预期的资源消耗及实训场地的使用需求等，力争在准确性、用时等指标上进行量化，制订合格量化指标，通过反复训练，达到肢体充分协调的肌肉记忆。

2. 考练结合、以考促练

对于一线操作岗位的职工来说，面对的作业对象和作业内容相对单一，日常重复性劳动占大多数，技术含量并不太高，日常工作都能应对，只不过有些职工技能更加规范、全面，另一部分职工自身技能水平还不够理想。为了克服短板，提高职工队伍整体业务技能素质，就要求他们必须人人掌握最基本的业务知识，具备最基本的操作技能，才能满足高铁时代的生产需要。所以实作项目更大程度上是扩大技能面，规范基础技能，必须以考核为手段，考练结合、以考促练，细抠重要细节，以时间和质量控制提高熟练程度，落实实作项目。车间级实训场地的建设应满足基础技能和单项技能的练习和考核。通过对基础技能和单项技能实训考核，可以准确评判职工基本作业技能等级，并以此作为业务能力的判定依据，以及考察及奖惩的依据，杜绝学习、训练和实用之间的脱节，明确清晰地对各员工的业务能力进行排序，相对公平公正，避免与职工切身利益密切相关的问题产生争议，如此才能取得员工的理解和支持，形成学技能“比学赶帮超”的良好氛围。

3. 因地制宜、查漏补缺

综合作业因为涉及面较大，一般不容易在实训场进行实际操作，可以采取不同岗位模拟、口述作业流程等方式或者借助实际工作来进行。这需要用心来设计实作项目，先将作业分解到不同岗位（工位），了解每个岗位（工位）应掌握哪些技能，再将这些技能拉网过筛，具备的放一边，不具备的统一培训练习，训练合格后申请考核，列表销号，实现对实作培训效果的考评和确定。如更换道岔尖轨作业的训练，至少需要 5 人进行换轨作业，不包括现场防护员和驻站联络员各一人，分工合作，每个人的作业内容不同，可以先模拟演练，掌握基础技能，然后更换不同岗位（工位）训练，最后在现场实际工作中实作考核，实现人人掌握。

4. 科学分解、明确界定

另一个实作项目设计的难点在于对综合作业的合理分解，如果一项作业分解得不够客观准确，便会让职工无所适从。例如铁路工务专业经常考核的道岔检查，道岔作为线路的一个薄弱环节，受到线路建设及维护中各个层面的重视，反应在各类竞赛考评中，多以道岔检查为考察内容。作为一项综合实作项目，内容涉及轨距尺、支距尺、方尺等大量测量工具的熟练使用，还要熟练掌握道岔的结构特征及轨距、水平变化点的位置等内容，还有对道岔状态的基本评判，涉及几何尺寸和各种零部件的失效缺失，对道岔的高低、水平、轨向、轨距及支距进行量化描述，以及对影响行车的其他项目进行初步的评判，最后还要对病害圈划分析。明确界定道岔检查深度，并制订出具体准确的标准，才能更好地开展实作，让施训或受训人员都能明确知道自己需要做到哪一步，对于存在的问题知道自己需要从哪些方面进行强化训练。

总之，把综合作业项目进行详细地解析、分解，形成技能模块，每个模块含标准、完成时间等内容，技能模块熟练后就可以进行不同组合，提高业务技能的办法便应运而生了。

如何落实好精准培训中的实作项目，更好地发挥实训场的用途，使其确实起到对业务技能提高的作用，是摆在各级管理部门面前的一个新的课题。解决这个课题时，管理部门必须有一个清晰明确的思路指导，通过对实训项目的细分，一步步推进，达到预期的实训目标。对于提高职工的业务素质来说，并不是一蹴而就、一劳永逸的，需要企业根据企业的长、中、短期规划出发，分析企业培训需求，有计划有针对性地根据企业的实际情况，通过对实训方案的一步步推进，才可能达到预期的实训目标。

（作者单位：中国铁路郑州局集团有限公司
洛阳职工培训基地）